要爱人民，真诚地为人民服务，勤勤恳恳，死而后已，是邹韬奋先生的精神，是他之所以感动人的地方。

毛泽东
一九四〇年
十一月二日

出版者语

毛泽东曾说:"热爱人民,真诚地为人民服务,鞠躬尽瘁,死而后已,这就是邹韬奋先生的精神,这就是他之所以感动人的地方。"

本书力求文质兼备,讲述邹韬奋从接受传统文化熏陶,做民众的喉舌,唤起民众,为人民谋幸福,与人民心连心,到最后成为坚定的共产主义战士的故事,通俗地诠释了以人民为中心的韬奋精神的核心要义,体现了邹韬奋心系人民,坚持真理,追求进步,自觉践行党的初心使命。本书通过邹韬奋的为民情怀故事,展现了以邹韬奋为代表的中国近代知识分子用毕生精力传承伟大建党精神,成为践行"两个结合"的光辉典范。

在新的起点上,它激励我们以习近平新时代中国特色社会主义思想为指导,弘扬韬奋精神,坚定文化自信、担当使命、奋发有为,共同努力创造属于我们这个时代的新文化,建设中华民族现代文明。

邹韬奋的为民情怀

——陈挥 著

立信会计出版社
LIXIN ACCOUNTING PUBLISHING HOUSE

图书在版编目(CIP)数据

热爱人民：邹韬奋的为民情怀/陈挥著. -- 上海：立信会计出版社，2024.7
ISBN 978-7-5429-7637-6

Ⅰ.①热… Ⅱ.①陈… Ⅲ.①邹韬奋(1895-1944)—生平事迹 Ⅳ.①K825.42

中国国家版本馆 CIP 数据核字(2024)第 096825 号

策划编辑	华春荣
特约编辑	丁言昭
责任编辑	彭秋龙
美术编辑	唐思雯

热爱人民——邹韬奋的为民情怀
RE'AI RENMIN ZOU TAOFEN DE WEIMIN QINGHUAI

出版发行	立信会计出版社		
地　　址	上海市中山西路 2230 号	邮政编码	200235
电　　话	(021)64411389	传　　真	(021)64411325
网　　址	www.lixinaph.com	电子邮箱	lixinaph2019@126.com
网上书店	http://lixin.jd.com		http://lxkjcbs.tmall.com
经　　销	各地新华书店		
印　　刷	常熟市人民印刷有限公司		
开　　本	710 毫米 × 1000 毫米　1/16		
印　　张	17	插　　页	1
字　　数	192 千字		
版　　次	2024 年 7 月第 1 版		
印　　次	2024 年 7 月第 1 次		
书　　号	ISBN 978-7-5429-7637-6/K		
定　　价	78.00 元		

如有印订差错，请与本社联系调换

本书编委会

主　任：龚心瀚
委　员：王为松　韩建民　陈　挥
　　　　华春荣　赵新民

本书系国家社会科学基金重大项目"伟大建党精神及其同中国共产党精神谱系关系研究"(21&ZD025)阶段性成果

前　言

中国近代知识分子传承伟大建党精神的典范

邹韬奋是我国著名的新闻记者、出版家和政论家,同时也是伟大的爱国者、杰出的民主斗士和坚定的共产主义战士。在血雨腥风的革命岁月中,他始终以人民为中心,以笔为剑、传播真理、主持正义;在中华民族内忧外患的艰难时势中,他不畏强权、创办报刊,唤醒民众;在长期的新闻出版实践中,他苦苦探索、不懈奋斗,形成了独具特色的办刊思想和刻苦忘我的敬业精神,成为引领一代青年人走向光明、追求进步的灯塔。

2021年7月1日,习近平总书记在庆祝中国共产党成立100周年大会上首次提出"坚持真理、坚守理想,践行初心、担当使命,不怕牺牲、英勇斗争,对党忠诚、不负人民"的伟大建党精神。这是对中国共产党先驱心路历程的高度概括,既有历史的穿透力,又有精神的感召力,既有理论的引领力,又有实践的指导力,构成一个逻辑严密、内在统一的有机整体。20世纪30年代,中国共产党在国民党统治区的工作和左翼文化运动中,坚持弘扬伟大建党精神、团结广大爱国者、发展进步力量的一个十分成功的例子,就是对《生活》周刊主编邹韬奋的帮助。在周恩来、胡愈之、张仲实等共产党人的启发和帮助下,邹韬奋实现了从民主主义到共产主义的伟大转变,全身心地投入抗日救国的伟大斗争,成为中国近代知识分子传承伟大建党精神的典范。

坚持真理、坚守理想,就是始终坚持马克思主义的普遍真理,坚守共产主义远大理想,这是伟大建党精神的思想基石。从邹韬奋与中国共产党人的交往中,我们可以清楚地看到,在新民主主义革命时期,邹韬奋在共产党人胡愈之的引领下,确立了马克思主义世界观,实现了从民主主义到共产主义的伟大转变,成为继鲁迅之后,中国先进知识分子的杰出代表。

任何思想和信仰的确立,都不能脱离其所处的时代环境。九一八事变以后,由于日本帝国主义的武装侵略,民族危机严重地压到中国人民的头上,蒋介石的不抵抗政策与广大人民群众要求抗日救亡的意志形成严重的对立。在这种形势下,邹韬奋对国民党反动派的认识有了根本的变化。他开始看出,靠国民党政府既不能解决个人的问题,更不能解决整个民族的问题。他开始系统地了解苏联、研究苏联、宣传苏联,对社会主义苏联的认识也不断提高。如果说对国民党政府幻想的破灭,迫使邹韬奋不得不另找中国的出路,那么社会主义苏联的巩固和发展,恰好为他提供了一个生动的榜样,使他从实践中看到了中国的希望,明白了中国要得救,只有社会主义一条路可走。从革命民主主义者发展成为共产主义战士,要经过量变到质变的过程,一旦量的积累达到一定程度,这种质的飞跃就成了不可阻挡的历史趋势。从此,邹韬奋作为一名共产主义战士,坚定地站在革命立场上,开始走上了一条新的道路。

践行初心、担当使命,就是始终坚持把为中国人民谋幸福、为中华民族谋复兴作为自己的初心使命,这是伟大建党精神的根本宗旨。中国共产党是一个有担当精神的政党,一经成立就把为中国人民谋幸福、为中华民族谋复兴确立为自己的初心使命。中国共产党团结带领全国人民所做的一切奋斗、一切牺牲和一切创造,归根结底也是为中国人民谋幸福、为中华民族谋复兴。

全心全意为民众服务,是邹韬奋在主持《生活》周刊的编辑工作中最引人注目的特点。他始终坚持真实地报道人民群众的生活,反映人民群众的呼声,尤其替受苦的民众发出"对于社会的呼吁"。他认为:"尽一人的心力,使社会上的人多得到他工作的裨益,是人生最愉快的事情。"[1]他从主编《生活》周刊开始,就决心"帮助读者解决种种困难,凡是在自己力量内所能勉力办到的事情,必须尽忠竭诚为读者办到"[2]。这种竭诚为读者服务的精神吸

---

[1] 韬奋基金会,上海韬奋纪念馆. 韬奋全集(增补本):第5卷[M]. 上海:上海人民出版社,2015:452.

[2] 韬奋基金会,上海韬奋纪念馆. 韬奋全集(增补本):第10卷[M]. 上海:上海人民出版社,2015:893.

引了越来越多的读者，《生活》周刊的发行量屡创新高，这与邹韬奋竭诚为读者服务的精神是分不开的。

随着民族矛盾的加深，邹韬奋在张仲实的帮助下，自觉地把党的方针政策贯彻到生活书店的编辑工作之中，致力于发展进步的文化事业，置身于国家民族的大局之中，为民族解放、民主政治及向读者提供精神食粮作出贡献。

抗日战争全面爆发后，生活书店直接自觉地置于党的领导之下，成为抗战中一个坚强的文化堡垒。生活书店由抗战前的一个总店两个分店，不到一年时间，扩充为55处分支店，遍及全国14个省份，规模一时超过商务印书馆，以后陆续出版杂志8种，书籍近1000种，并出版了动员人民抗战的通俗读物500余万册，为动员全民抗战作出了重要贡献。

不怕牺牲、英勇斗争，就是始终保持顽强的斗争精神、坚韧的斗争意志、高超的斗争本领，直面各种艰难险阻和风险挑战，这是伟大建党精神的行为本色。中国共产党诞生于国家内忧外患、民族危难之时，一出生就铭刻着斗争的烙印，一路走来就是在斗争中求得生存、获得发展、赢得胜利的。在抗击日本帝国主义侵略的日子里，邹韬奋与国民党政府之间的斗争就从未停止过。他创办的《生活》周刊、《大众生活》周刊及生活书店等，始终坚持为人民伸张正义，针砭时弊，成为代表民主进步力量的重要舆论阵地，反动当局动用各种手段，对其软硬兼施，企图通过拉拢、利诱、迫害等伎俩，迫使他屈服就范。但是，邹韬奋始终百折不挠、信念坚定，与反动派进行顽强斗争。由于他的积极努力和胡愈之、张仲实等共产党人的帮助以及生活书店全体同仁的共同奋斗，加之许多朋友和广大读者的支持和爱护,生活书店很快发展成为一个在国内外有巨大影响力的革命文化堡垒。正如周恩来所说:"我们党的抗日救国和抗日民族统一战线政策,主要是通过韬奋主编的刊物传播到国民党统治区广大知识分子中去的。韬奋在国统区知识分子中的威望最高。我们党专门在国统区做知识分子工作的领导人,都比不上他。"①

对党忠诚、不负人民,就是始终坚持党性和人民性的统一,时刻将党和人民的利益放在第一位,这是伟大建党精神的政治立场。对党忠诚是每名共产党员在入党宣誓时对党许下的庄严承诺,也是每名共产党员的首要政治品格。习近平总书记指出,"对党忠诚,不是抽象的而是具体的,不是有条件的而是无条件的"②。对党忠诚首先体现在思想上、政治上、行动上坚决遵从党的意志,听从党的决定,服从党的安排。邹韬奋曾说:"从武汉到重庆,直到我离开重庆到香港,其后,回到上海,转到解放区,我的一切工作和行动都是在党和恩来同志指示下进行的。"③

早在1938年,邹韬奋就直接向周恩来提出了参加中国共产党的要求。周恩来亲切地回答说:"你现在以党外民主人士身份在国民党地区和国民党作政治斗争,比你以一个共产党员身份所起到的作用不一样,这是党需要你这样做的。"邹韬奋愉快地接受了党的决定,自觉地在党的领导下,以党外人士的身份为党工作。

---

① 杨超伦.忆周总理对邹韬奋的评价[J].新闻战线,1995(12):8.
② 习近平.牢固树立以人民为中心的发展思想[J].党建,2017(2):1.
③ 沈一辰.难忘的一夜:记邹韬奋到达苏中解放区大众书店[C]//北京新四军暨华中抗日根据地研究会.中国抗日战争胜利的意义和思考:北京新四军暨华中抗日根据地研究会纪念抗日战争胜利60周年大会论文集(二).[出版者不详],2005:3.

毛泽东曾说:"我们干革命有两支队伍,武的是八路军,文的是邹韬奋在上海办刊物,开书店。"

在确立了马克思主义世界观后,邹韬奋无论遇到什么样的艰难险阻,始终把对党忠诚体现到对党的信仰的忠诚上、对党组织的忠诚上、对党的理论和路线方针政策的忠诚上,任何时候、任何情况下都能站得稳、靠得住。他在病重时,仍然念念不忘心中夙愿,口授遗嘱再次提出入党申请。1944年9月28日,中共中央追认他为中国共产党正式党员。虽然邹韬奋生前未能入党,但中共中央在致其家属的唁电中称他为"吾党的光荣"。

邹韬奋逝世以后,毛泽东为他亲题挽词:"热爱人民,真诚地为人民服务,鞠躬尽瘁,死而后已,这就是邹韬奋先生的精神,这就是他之所以感动人的地方。"周恩来明确指出:"韬奋是伟大的爱国主义者、民主主义者、共产主义者,是中国知识分子由民主主义走向共产主义的典范,是中国知识分子学习的榜样。"[①]"在他的笔底,培育了中国人民的觉醒和团结,促成了现在中国人民的胜利。中国人民一定要继续努力,为实现韬奋先生全心向往的和平、团结、民主的新中国而奋斗不懈。韬奋先生的功业在中国人民心目中永垂不朽,他的名字将永远是引导中国人民前进的旗帜。"[②]

---

① 杨超伦.忆周总理对邹韬奋的评价[J].新闻战线,1995(12):8.
② 中国共产党中央委员会.中共中央电唁邹韬奋先生家属[M]//韬奋基金会,上海韬奋纪念馆.韬奋全集(增补本):第1卷.上海:上海人民出版社,2015.

目 录 CONTENTS

第一章
为民情怀的萌芽 / 1

一、中华优秀传统文化的陶染 / 2
二、民主科学精神的影响 / 8
三、理科向文科的转变 / 17
四、理想之火的点燃 / 27

第二章
民众的喉舌 / 33

一、永远立于大众立场 / 34
二、公正无私的出版人格 / 50
三、一份人民的报纸 / 59
四、事业的第一个目标 / 66

第三章
唤起民众 / 71

一、救亡图存的探索 / 72
二、义在国民的援助 / 100
三、惊涛骇浪中的灯塔 / 105
四、供应精神食粮 / 111
五、在东江纵队的掩护下 / 130

第五章

与人民心连心 / 185

一、马克思主义世界观的逐步确立 / 186

二、同呼吸、共命运 / 202

三、为进步文化事业努力 / 218

四、信仰有归处,民族有希望 / 229

第四章

为人民谋幸福 / 147

一、坚定抗战信心 / 148

二、努力保障民权 / 160

三、注重反映民意 / 174

四、与立信同行 / 179

结语

以人民为中心
——韬奋精神的形成逻辑和内涵意蕴 / 243

参考文献 / 253

后记 / 255

第一章
为民情怀的萌芽

每个人都有童年。有的人说:"我的童年像可爱的晨光一样,明媚、恬静、快活。"有的人说:"我的童年是复活了的花、融化了的泉、新生的树干。"有的人说:"我的童年不幸福。"那么,韬奋的童年是怎样的呢?他后来又怎么会喜欢上文科的呢?他的为民情怀又是源自哪里呢?

一、中华优秀传统文化的陶染

1895年11月5日（清光绪二十一年农历九月十九日戌时），韬奋出生在福建省永安县一个姓邹的官僚家庭里，取名恩润，乳名荫书。"韬奋"是他的笔名，于1928年11月18日在《生活》周刊"小言论"专栏上首次启用。

韬奋出生不久就随父母离开永安，在福州度过了他的童年。他家先是居住在后曹，然后迁至西峰里，最后搬到离福州西湖公园不远的夹道坊。

韬奋6岁的时候，父亲邹国珍就亲自为他发蒙，读《三字经》。第一天上课的时候，韬奋一个人坐在小客厅的坑床上，莫名其妙地"朗诵"了半天"人之初，性本善；性相近，习相远"，真是苦不堪言！母亲查氏觉得这样读书不行。为了让韬奋接受良好的教育，母亲尽量节约其他开支，省下钱请了一个"西席"老夫子，除了供老师的膳宿，每月还须支付4块大洋的薪水，后来逐渐增加到12块大洋。对查氏来说，要筹措这笔

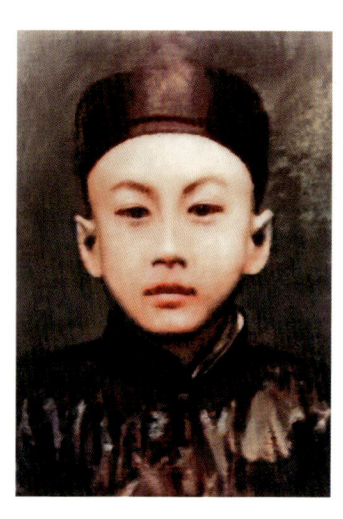

少年韬奋

钱已经是很不容易的。

韬奋的父亲很严厉,每逢年底就要检查韬奋的功课,亲自听韬奋背书。韬奋10岁的时候,父亲在桌上放了一块两指阔的竹板,听韬奋背"孟子见梁惠王"。韬奋背向父亲,站着背书,背不出的时候,父亲提一个字,并叫他回转身来,让他把手掌放在桌上,拿起那块竹板重重地打一下。尽管痛得失声而哭,但韬奋还是回过身去再背。不幸又有一处忘了,背不下去,父亲就再提一字,再打一下。坐在旁边做针线活的母亲也心疼地哭了。但为了儿子的上进,母亲只好时时呜咽着勉强说道:"打得好!"背完了"孟子见梁惠王",韬奋的右手掌已被打得发肿,约有半寸高。他偷偷向灯光一照,通亮,好像满肚子装着已成熟的丝的蚕身一样。母亲含着眼泪把韬奋抱上床,轻轻为他盖上被子,在他额头上吻了几下。

30年后,韬奋在回忆这段往事的时候说:"由现在看来,这样的教育方法真是野蛮之至!但是我不敢怪我的母亲,因为那个时候就只有这样野蛮的教育法;如今想起母亲见我被打,陪着我一同哭,那样的母爱,仍然使我感念着我的慈爱的母亲。"

韬奋在近10年"牢狱式的家塾"生活中,接受了比较系统的中国传统文化教育。从"牢狱式的家塾"到"ABCD的洋学堂",对韬奋来说,是一生中的一次重要转折。原来他在"西席"老夫子的教导下,都是在"之、乎、者、也"的古文堆里兜圈子,后来除了国文课,还有英文、数学、物理、化学、历史、地理、修身、体操等课程。这对只学过"子曰""诗云"的韬奋来说,颇感吃力。但他还是以顽强的毅力克服困难,对每门课都下苦功夫进行钻研。

韬奋初学英语时，总是把英文字母 p 和 q，u 和 n，m 和 w 混淆起来，在老师提问时受到了批评。回到宿舍后，他和同样没有正确回答提问的叔叔一起抱头大哭，并且想"誓雪前耻"。从此，他俩把字母写在纸片上，互相考问，直到完全记住。功夫不负有心人，韬奋的英语成绩迅速地提上来了，这为他以后成为一名精通英语的教师和翻译打下了坚实的基础。他的作文不但文笔犀利，词意流畅明快，而且思想进步，有自己的独特见解，因而经常受到老师的好评。韬奋在这所学堂学习的 3 年时间里，成绩一直名列前茅。1912 年，他以全年级预科第一的成绩，结束了在福建官立中等工业学堂的求学生涯。

1912 年 10 月，韬奋 17 岁的时候，父亲把他带到上海，报考交通部上海工业专门学校（上海交通大学的前身，当时大家口头上还是叫其最初的校名南洋公学）附属高等小学。在沈叔逵校长亲自主持考试后，韬奋作为插班生进入该校四年级，开始了他在上海的求学生涯。在学习的诸多科目中，韬奋最喜欢的是文史学科，对数学最感头痛。

年轻时的韬奋

韬奋在小学时有一个好朋友，即性情平和、心思精细的俞松涛。他们"常避人多之地，寻觅静穆之境"，一起复习数学。这一段的学习生活，在韬奋的记忆里留下了深刻的印象："每晨起身钟鸣后，同学咸往教室，卧室尚未锁闭。卧室窗前小桌一方，即为吾二人抱膝谈学之处。有疑必互相辩难,辩难必出之以温和音容,从未尝疾言厉色,亦毫不刚愎自是,惟以公理为断。合则怡然解颐,不合则穷源极流,争论反复,必求其理之合,同归一致而后已。其解析之透澈,常出书籍所授之外。"

升入中学后,由于韬奋拼命用功,代数、几何的大考成绩都是名列前茅。但是,他心里对数学实在没有一点儿兴趣。他心里有着说不出的烦闷,每次上数学课,都感觉像上断头台一样,兴趣索然,非常难受,从而逐渐萌发了要学文科的念头。

尽管南洋公学是一所注重工科的学校,但其校长唐文治却"积极提倡研究国文,造成风气,大家对于这个科目也很重视"。中学的国文老师朱叔子对韬奋的影响很大。朱老师教学认真,一丝不苟,深受学生的敬重。他在给学生讲解古文的时候,读一段,讲一段,读时是用着全副气力,提高嗓子,埋头苦喊,读到有精彩处,更是弄得头上的筋一条条地显露出来,面色涨红得像关老爷,全身都震动起来。即使是平常总打瞌睡的同学,也不得不肃然起敬!尤其是在批改学生作文时,朱老师能设身处地地从学生的立场加以考虑,不是拿起笔来,按自己的想法乱改一通。他改你一个字,都有道理;你的文章里只要有一句有精彩的话,他都不会抹煞掉。上作文课时,朱老师把所批改的作文都带到课堂上来,从第一名到最后一名,一篇一篇地讲评。因此,韬奋很佩服他的那种"聚精会神,一点不肯撒烂污的认真态度",认为"他实在是一个极好的国文教师"。其实,哪个老师又不希望自己的学生成才呢?他们像蜡烛一样,燃烧了自己,照亮了学生。

由于对国文课的浓厚兴趣,韬奋还利用课余时间阅读了《古文辞类纂》《经史百家杂钞》《韩昌黎全集》《王阳明全集》《曾文正公全集》以及《明儒学案》等,有的甚至看第二遍、第三遍,从而进一步加深了以儒家思想为主体的传统文化对他的影响,这为他奠定扎实的国学基础起了很大的作用。

升入中学才几个月,韬奋就陷入了经济困境。由于父亲的失业,家里无法继续支付他的学费。就在这最困难的时候,韬奋在期末被学校评为"优行生",可享受免缴学费的优待。此后,他把这个荣誉一直保持到离开南洋公学,只有一个学期例外。这一次例外说来也很有趣,并不是因为他的学习成绩不好,而是由于他的品学太好了,除学识精研通达,性情又谦逊韬晦,简直不是什么物质的奖励所能包容的,所以特给予"荣誉的奖励",而把"优行生"的奖励暂停一次。这真使韬奋哭笑不得。老师们的盛情鼓励固然可感,可那一学期的学费却使他忧心忡忡。

可是除了学费,还有其他必需的生活开支。在困境中挣扎的韬奋想起给报刊撰稿也许不无小补。于是他开始给《申报》副刊《自由谈》、商务印书馆出版的《学生杂志》投稿。开始几次总是失败,石沉大海,但他毫不气馁,还是挤出时间继续写作。当他在报上看到自己的文章被登出来时,最初一刹那他还不能相信自己的眼睛。他和同在南洋公学学习的二弟邹恩泳一起,到棋盘街的一个小摊上刻了一个图章,到申报馆领到了6块亮晶晶的大洋!两人高兴得连蹦带跳地出了申报馆。在返回学校途中经过一个卖彩票的店铺门口,两兄弟一商量,居然掏出1块大洋买了一张彩票。当然,这张彩票的结果和他最初的投稿有着同样的命运!此后,韬奋又有不少文章陆续发表,不仅解决了经济上的部分困难,而且在精神上、学习上都受到很大鼓舞。

现在能够找到的韬奋投稿发表的第一篇文章是商务印书馆出版的《学生杂志》第 2 卷第 5 号(1915 年 5 月 20 日)上的《不求轩困勉录(交友四德)》。几个月以后,韬奋又在《学生杂志》上发表了一篇《不求轩困勉录(学生十思)》,提出了"学生十思":(一)思国家;(二)思父母;(三)思师友;(四)思先哲;(五)思幸福;(六)思光明;(七)思希望;(八)思责任;(九)思励学;(十)思敦品。我们从这两篇文章可以清楚地看出,具有强烈爱国心的青年韬奋对于中国传统伦理道德观的认同,并在此基础上就青年应如何交友及如何做人提出了自己独到的见解。

人的一生有点像写一篇文章,总会有一些难开的头,但韬奋开了一个头,就像一支火炬,驱走黑暗,带来光热,温暖人们的心,照亮他们脚下的路。

二、民主科学精神的影响

韬奋对民主科学精神的认识是一个逐步深化的过程,其主要表现在以下方面。

第一,改造封建的家庭观念。在五四时期民主科学精神的影响下,韬奋的思想有了很大的发展。他积极主张反封建,倡民主,学西学。早在1920年12月,韬奋在圣约翰大学的校刊《约翰声》上发表的《改造家庭之两大观念》一文中明确提出:"如果要改造中国社会,改造家庭问题就是一件极紧要的事情。……如果要改造家庭,一定要先改造家庭之两大观念,因为这两个观念是中国黑暗家庭的根源,不把根源断绝,要想改造,断然没有效力。"

第一个观念是"组织家庭是父母娶媳妇,不是自己娶妻子"。韬奋认为:"父母娶媳妇是以父母为主体,自己娶妻子是以自己为主体,如果是把自己做主体,男女自己两方面的性情学问风采都应该有极明白的了解,极圆满的同意,不应该第三个人在里头干涉。"而"以父母做主体的婚姻如同买彩票一样","把素不相识的人拉拢来叫他们百年偕老!这岂不是极不合理的事情"!所以他断言:"父母娶媳妇不是自己娶妻子这个观念在精神上经济上都不免种种痛苦。要改造家庭,先要改造这个观念,要改造这个观念,只要做父母的人明白自己的责任是把子女的智育德育体育发达。这层办到,有才有德的男子不怕没有好妻子;有才有德的女子不怕没有好丈夫。做子女的人要明白自己要报答父母的方法很多,不必把嫁娶的事归之父母,因为徒然使父母增高家累反而受了种种痛苦。"

第二个观念是"组织家庭是替祖宗传后"。韬奋认为:"中国人看传后一件事情是最重的,以为没有后就是作孽的报应,以为祖宗因此断绝了香火,就要做饿鬼。"因此,"做父母的人极想早早看见孙子,于是乎等不到儿子能够自立,就急急的娶起媳妇来。以为娶媳妇是替祖宗办事,那里有子女主张之余地!因为这个缘故,就是很穷,有了儿子,媳妇是不可不娶的;不娶就要害得祖宗断绝香火"。所以他特别强调:"要改造家庭,必先改造替祖宗传后的观念,要改造这个观念,只要明白生子不是替一家一姓制造传后的货品,是替人类社会增加健全的分子。明白了这个道理,就要先把自己做成社会上健全的分子,如果除了成就自己之外没有余力,就绝后也不要紧。"

对以上所举的两大观念做了分析之后,韬奋再次强调:"中国社会上不知有几千万的男子受着这种观念恶果所束缚,不能发展他们的天才。更不知有几千万女子婉转哀痛于黑暗家庭之下,令人痛心。"他向全社会的仁人志士发出强烈的呼吁:"现在我们既然晓得改造家庭是改造社会里头一件最要紧的事情,又晓得这两大观念是种种恶果的根源,有志改造家庭的人就应该极力改造这两大观念。有了健全的家庭,才有健全的社会。"

随着时代的发展,大革命的兴起,韬奋对于妇女、婚姻和家庭的关系等问题,也有了更深入的见解:"男子死了妻,遇了另一爱人,可以续娶;女子死了夫,遇了另一爱人,社会上便以为再嫁可耻,这个理由到底在那里?人不能免死,人死又不能无先后,以一人不幸先死,社会上便使其他一人终其身没有生趣,或遇知心人而不能自由。这种残酷制度,非推翻不可;这种残酷心理,非消灭不可。要提倡改良,尤在男子方面。欧美名人不以娶寡妇为羞,如美国威尔逊总统就娶寡妇,社会上仍旧敬重他们。我希望我国社会也要养成这样解放妇女的好风气。"

韬奋认为,男女双方的婚姻应该像西方那样通过公开的社交,作出自己的选择,而反对由父母包办,由本人追认。他说:"旧式婚姻的大病,就是两方的'心',尤其是女子的'心',没有达到'心悦'的地步,硬被什么形式方面的'文定''拜堂''合卺'一类把戏,强成所谓'终身伴侣',真是天地间一件很滑稽而残酷的事情。"但是,对于自由恋爱,韬奋也认为双方都要慎重,尤其是热恋之中的青年男女,绝对不能草率。他说:"天下东西得到愈不易的,得到之后愈快乐。无论男女,要得到一个称心的终身情侣,真是一件不易的事情。倘若两方本人不审慎,眼光错了,不幸铸成大错,便是一件很难挽救的事情,所以要慎之于始,不可全任感情的奔放,还应该用理智加以审慎的考虑。但是有时两方本人看准了。还有许多由本人以外引起的障碍,那便须坚毅的精神来奋斗了,真能坚毅奋斗,没有不成功的,而且奋斗愈苦,胜利后的快乐也愈增,不过最要紧的还在开始时眼光不要错。"

韬奋对婚姻、家庭的见解可谓非常深刻。男人和女人结成婚姻,组成家庭,成为社会最基本的细胞。家庭婚姻关系的好坏,不但会影响夫妇双方的生活与思想,而且将影响整个社会的根基牢固度甚至影响时代的变迁。

男人和女人由于思维方式不同、理念不同,他们处理感情的方式当然也会不同。一般来说,夫妇关系可分为背靠背式、面对面式和肩并肩式三种模式。背靠背式的婚姻,是指两人生活在一起,却从来没有深入对方心灵。面对面式的婚姻,是指彼此认为,如果他爱我,他就要处处和我合拍,而不是与我背道而驰!换言之,我以怎样的方式爱着他,他就要以同样的方式爱着我。但事实上,就像世界上没有两片完全相同的树叶一样,生活中也没有两个性格完全相同的人。此外,即使两人性格很相似,也不等于一定能和谐相处。肩并肩式的婚姻,是指两人彼此倚靠,一起面对纷繁的世事,一起经历磨难……其实这是婚姻的最好方式。爱情不是仙人掌,可以不用照顾而承受任何风吹雨打;爱情是温室里的玫瑰,需要不断地呵护才能保持活力。

韬奋与沈粹缜的婚姻则是一种肩并肩式的关系。虽然由于韬奋的坎坷经历,两人几十年中聚少离多,但是他们的关系一直和谐融洽。聚在一起时,他们享受天伦之乐,别离时互道珍重。韬奋在外奔波,沈粹缜打理家务、教育孩子,两人携手并肩,都为中国社会进步作出了很大的贡献,他们的孩子后来也都成为国家栋梁之材。这样的婚姻,正是韬奋所期望的,他们夫妇也很好地践行了这种婚姻理念。

对于传统家庭中的所谓"孝",韬奋也发表了自己的真知灼见。他说:"我国恶俗之所谓孝,简直不把儿女当一个人看待。

1926年1月韬奋与沈粹缜结婚时留影

生杀予夺,随便父母。""还有许多剥夺自由人格种种事情,不可胜数。"所以他"大声疾呼,赞成非孝",但是,"近来看见有许多自命新文化运动者","对于父母先持怨恨或敌视的态度"。韬奋认为,"这实在是大错","就是对于朋友也应有相当的情谊,甚至于对于常人也应有相当的敬意,对于父母当然也应有相当的自然情爱,其浓度尤当加甚。断然不当无论如何先存敌视态度,以为时髦"。所以他又"大声疾呼,反对非孝"。他认为:"现在的孝道,不当如往昔之盲目的尽孝,不论是非之孝道,不近人道之孝道,却为有理性的孝道,有真情的孝道,有是非的孝道。简而言之,我不主张废孝道,我主张改善孝道之质。"

第二,大声疾呼妇女解放。韬奋撰文向封建专制主义发起猛烈攻击的同时,对于身受封建制度摧残的广大妇女,更是给予极大的同情。他提倡家庭生活中的女子应该向西方学习,"做女子的应当常在快乐的生活中过去,这是西洋一般女子的写真。说我国的女子,从前以'善病工愁'为美女的一个条件,不必说了,现在还是没有弄得很好。我近来觉得女子要过快乐的生活,也要养成享用快乐生活的本领"。

韬奋先后发表了《妇女解放》《妇女觉悟的曙光》《男女问题的根本观》等文,为妇女获得真正的解放大声疾呼。"在任何社会中,妇女解放的程度是衡量普遍解放的天然尺度。"他在《愿全国为女子者思之》一文中指出:"天下事之大病在不思,思则弊病立见,不思则虽极野蛮极无理性之事而犹奉为金科玉律,心中不敢稍存异念。""试以女子中最不平之事撮述如左,此等事仅须略思,不必深思,即可领悟,而吾国女子乃安之若素,且信为美德。"比如,"女子何不思吾国社会何为专提倡奖励寡妇而从未见提倡奖励鳏夫者"?"世之腐儒,不知重教养,但知严男女之界限者,其是非姑置不论:然女子何不思严男女之界限何为专锢闭女子而从来未有锢闭男子者"?"女子何不思社会上何为视媳妇如翁姑之奴隶而从未见视女婿如岳父母之奴隶者"?"男子常有以其妻不能产育子女为借口而任意娶妾者,女子何不思不能产育子女之咎何为专归诸女子而于男子则若丝毫无与也者"?韬奋认为:"诸如此类之事,不胜枚举,而稍有人类之脑神经者,不用思索,皆能明若观火,而全国女子则泰然处之,积重难返,岂不可怪哉?故吾恨丧尽良心之男子,尤痛不思之女子。愿全国为女子者思之!"

怎样使妇女获得解放?韬奋认为,妇女首先是要接受教育,自强自立。他说:"最要紧的是现在那些躲在家中,过'千金小姐'生活的诸位女士,当极力向父母求得求学的权利,有了知识,有了自立技能,便可做堂堂的一个人,谁也不敢蔑视。这真全恃女界同胞自己觉悟啊!"他认为:"前此女子简直没有教育可言。因此他们的天赋良能,也摧残埋没,几至无余。故照表面上看起来,似乎男女才能相差颇远,换句话说简直觉得女子的才能不及男子远甚。其实不然,是乃摧残埋没之过,并非本来如此。"他以大同学院为例,该校"男女同学,女学生十一人,其中成绩最优者竟达十人,男学生中成绩最优者则仅一人",因此他特别强调:"女子天才本来不差,国中女同胞亦可以猛醒了。"

韬奋提出:"妇女解放,至少有两方面,一是经济上的解放,二是人格上的解放。……要解决妇女人格问题,要先把妇女二字在社会上所组织而成的观念,改造一番。不仅男子不当看待妇女异于男子,妇女自家也不当自待有异于男子。……大家庭制度不打破,男子奴隶看待妇女,妇女甘居奴隶的地位不改变,那么顶好的妇女不过是良妻贤母中馈善良之动物罢了。人格人格,妇女只有这种格度,那怕你天天说天赋平等呵。"韬奋的这些思想主张,是对中国数千年封建礼教的鞭挞,对中国妇女的解放产生了积极的影响。

第三,逐渐认识欧美文明的局限性。九一八事变以后,韬奋对于西方社会的所谓民主有了自己的看法。他在游历欧洲时,已经逐渐认识到欧美文明的局限性,他说:"我觉得英国和法国的'民主政治'倘若比专制的国家有不同的地方,最大的特点可以说人民的确已得到'纸上自由'了。这所谓'纸上自由',也可以说是'嘴巴上的自由'。""尽管听任你在文字上大发挥,尽管听任你在嘴巴上大发挥,但在行动上,这资本主义的社会制度好像铜墙铁壁似的,却不许你越雷池一步!"

韬奋在游历美国时,亲眼看到西方物质文明的高度发达和贫富分化的巨大差距后,对西方文化特别是近代工业文明进行了深入分析,认为西方文明的物质文明取得了巨大的成就,物质文明的发展为精神文明的发展提供了物质基础。他说:"科学进步,尽量利用机器以代人工,一方面可使人类的幸福增加,物质享受丰富;一方面可以减少工作的需要,使人们得出多多剩出时间,多多增加文化上的享受。"但是,韬奋并没有盲目地崇拜西方,也否定全盘西化,而是认为中国的发展需要我们寻找适合自己的道路,他说:"我个人不反对欧化,但是我主张能有自造欧化的东西,才配欧化,如专替外国货做生意,不是欧化,简直是'奴化'。再进一步说,我们极希望国人赶紧想法自造欧化的国货。"

韬奋认为中国的前途,不在于照搬西方的物质文明和精神文明,而在于走出一条适合中国国情的道路,"大概说起来,现在世界上民权发达的国家,人民在政治上所获得的民权,不过是一种选举权和被选举权,人民被选为议员,便可在议会中管理国事,凡国家大事都要由他们决议通过,才能执行。这就是所谓的

'代议的政体'。中国学会了这种制度,便有一般猪仔议员,有钱就卖身,分赃贪利,无所不为。所以真要解决我国的国事,不可徒学欧美,要另有办法。这个问题,以后还要研究"。他非常赞同孙中山先生提出的"民生主义",认为我们不要建立欧美式的资本主义制度,而要实行"耕者有其田",不许"土地权为少数人所操纵",要实行"节制资本","凡本国人及外国人之企业,或有独占性质,或规模过大……如银行铁道航路之属,由国家经营管理之,使私有资本制度不能操纵国民之生计"。

三、理科向文科的转变

1917年,韬奋进入南洋公学上院电机工程科就读。由于经济困难,他经常利用课余或假期,担任家庭教师,为人补课。这是当时苦学生"救穷"的办法。尽管他的功课很忙,但在执行家庭教师职务的时候,他仍然十分认真,对学生异常严格,受到家长的普遍欢迎。因此,一家结束另找一家接下去是很容易的。

升到大学二年级以后,韬奋越来越感到所学的电机工程科与自己的兴趣不合,尤其是微积分和高等物理学,尽管最初还"再接再厉,不肯罢休",但最后还是被"最艰深困难的题目"困窘得实在没有办法,便决心和电机工程科告别,弃工从文,离开南洋公学,打算跨学科报考圣约翰大学文学院。两者的区别是,文科以人为中心,理科以物为中心,换句话说,文科是指人文科学,理科是指自然科学和应用科学,有的人喜欢文科,有的人喜欢理科,不知道是不是天生的?

韬奋不喜欢理科,而且越学越不喜欢,然而经济问题始终困扰着他,因为离开南洋公学就没有"优行生"的奖学金,而要进入的圣约翰大学又是一所有名的贵族化学校。

麦芒掉在针眼里——事情就是那么巧,在韬奋充满矛盾和烦恼之际,同年级的同学葛英给他介绍了一个筹措学费的好方法。葛英有个本家葛老先生,住在江苏宜兴蜀山镇,是个开瓷厂的老板,已经年逾六旬。葛老先生对于孙辈的学业非常关切,希望能请一个家庭教师补习半年,使他们在暑期以后能考入较好的学校。每月给40块大洋,来回路费都由葛家负担。韬奋在葛英的极力劝说下,暂时停止学业,接受了这个职位。

1919年2月,葛老先生亲自来上海把韬奋接到蜀山镇。虽然住的是乡村的平房,但韬奋还是比较满意的。书房是个隔墙小花厅,约20余平方米,由一个大天井旁边的小门进去,厅前还有个小天井,走过天井是一个小房间,约10余平方米,是韬奋的卧室。出了大门便是碧绿的田野,相距不远的地方有个山墩。每天下午5点钟放学后,韬奋便独自一人在田陌中散步,到山墩上望了一番。这种对自然界赏心悦目的享受,在城市里是不易得到的。有时他也带着学生们一起出去玩玩。

韬奋教的三个学生是12岁的葛雪琴、11岁的葛怀诚和葛雅诚。他既要讲解《论语》《孟子》、历史、地理,还要教英文、数学和书法。韬奋为了让学生适应以后进入学校求学,语文课本使用梁启超的《饮冰室文集》,对作文的要求也不再"言必道先皇",而是着重论证事实,力求行文流畅,经修改并当面讲解修改的理由之后,让学生再重抄一遍,以加深他们的印象。64年以后,75岁高龄的上海第二医科大学化学教研组教授葛怀诚回忆道:"私塾的教学内容是四书五经,教学方法是背诵与体罚。韬奋先生与此完全不同,他在讲解时循循善诱,允许学生提问题,在布置作业时先解释题旨,与学生讨论一番。对完不成作业者不加体罚,相反,进行启发,诱导学生做好作业。他经常与学生谈心,并外出在田间散步。师生之间感情融洽,学生不再视书房为畏途,学业进步较快。"

半年之后,葛怀诚、葛雅诚到上海投考学校。不久,葛怀诚被圣约翰大学附属青年中学预科录取,葛雅诚考入南洋公学附属小学,葛雪琴也进入宜兴蜀山东坡中学。韬奋则回到上海准备投考圣约翰大学的文科。工科和文科的课程相差太多了,因此要想从工科二年级跳到文科三年级,当时韬奋的很多朋友都认为这也太大胆了。但韬奋还是决定要大胆地拼一下。他住在上海青年会的宿舍里,预备考试的功课,每天都开夜车,直到凌晨两三点钟。考试那天天蒙蒙亮,韬奋就起来了,匆匆盥洗后,连早餐都没有吃,就出发了。从上海的四川路乘电车到静安寺,和几十个同往投考的人们不约而同地步行一小时左右,才到了圣约翰大学。然后各人分别到各个房间里去应试。提心吊胆地过了差不多一个星期,结果韬奋被录取了。

圣约翰大学是由美国基督教圣公会创办的。1879年,施约瑟主教将19世纪60年代在上海设立的培雅书院和度恩书院合并,在苏州河南岸梵皇渡开办了一所美国式的学校——圣约翰书院。1896年,圣约翰书院改组为

圣约翰大学

圣约翰学校,大学部得到美国圣公会布道部的确认,1906年改称圣约翰大学。

圣约翰大学校长卜舫济对该校的校舍建设很是费了一番心血,尽量保存了"中国房屋之特质"。1894年1月奠基,9月落成的"怀施堂",是该校为纪念创始人施约瑟而命名的标志性建筑。该楼两层砖木结构,中间凸出为三层,屋面重檐翘角,第三层是钟楼,底层大门为卷门。钟楼东西楼屋面歇山顶,楼上南面为长廊,贯通两楼及钟楼。韬奋就在这所著名的大学里完成了大学学业,获得了文学学士的学位。

1949年以后,为了纪念韬奋,圣约翰大学的教学楼主体"怀施堂"改名为"韬奋楼"。1995年11月,在纪念韬奋诞辰100周年的日子里,华东政法学院(现华东政法大学)在这座楼的中间立了一座韬奋的半身铜像。这是后话。

韬奋如愿以偿地踏进圣约翰大学以后,课程方面的烦闷完全消除了,而经济上的窘境还是继续困扰着他。辛辛苦苦做了几个月家教所获得的报酬,虽然是战战兢兢地使用着,他尽可能地节省每一个铜板,但是一个学期下来也用完了。这时,他已经开始翻译杜威的名著《民主与教育》,但是远水救不了近火,他只能靠继续做家庭教师维持日常的主要开销。每天下午一下课,他就往外跑,教授两小时的课程后再赶回学校。虽然有了一定的收入,但是时间更紧张了。白天的时间不够用,他只好晚上开夜车。当时他所教的学生都是初中毕业后预备报考高中的,因此要教好几门课程,内容也很复杂。他平时学习非常用功,基本功比较扎实,所以都能应付自如。他靠着在南洋公学时奠定的古

韬奋楼

韬奋的半身铜像

汉语功底,能熟练地给学生修改他们写的文言文;靠着南洋公学和圣约翰大学对英语的重视和自己的日常积累,他能用标准的英语给学生讲解英国文学。尽管他对数学缺乏兴趣,但靠着在南洋公学时的勤奋学习所打下的基础,给学生补习代数和平面几何,还是能够胜任的。因为韬奋在南洋公学时是有名的高材生,所以他到了圣约翰大学以后,许多同学都热心介绍他到自己的亲戚家里去做家庭教师。在他们看来,一般的圣约翰大学的学生教国文和数学总不及他这个南洋公学的高材生。

虽然韬奋做家庭教师是为了救穷,解决自己的日常学习和生活的开销,但他在学生家里任教的时候,没有丝毫的奴颜媚骨。他始终保持的态度是"你要我教,我就是这样;你不愿我这样教,尽管另请高明"。

有一次,韬奋被一个大户人家请去担任家庭教师。这个家庭由一个被称作"四太爷"的人掌握着全家的大权。大家对他都怕得好像遇到了老虎,看见他都要起立致敬。有一天,"四太爷"走到书房门口,韬奋正在考问所教的那个学生的功课。那个学生见"老虎"来了,急欲起来立正致敬。韬奋不许他中断回答问题,并说任何人都不能来干扰他上课。事后那户人家上下老小都以为"老虎"要大发雷霆,开除这个大胆的先生。可是韬奋不管这些,而"老虎"也没有动他分毫,反而觉得这个青年教师的责任心特别强,对他添了几分敬意。

后来韬奋在回忆此事时说:"我所以敢于强硬的,是因为自信我在功课上对得住这个学生的家长。同时我深信不严格就教不好书,教不好书我就不愿干,此时的心里已把'穷'字抛到九霄云外了!"他对学生的学习异常严格,检查功课一丝不苟,因而得到了家长特别的尊敬和充分的认同。他不但未曾有一次被东家驱赶出来,而且凡是东家的亲友偶然知道的,反而表示热烈的欢迎,一家结束,很容易有另一家接下去。

想当年,圣约翰大学是贵族化的学校,韬奋当然不能和富有的同学比拟,冬季往往是他人身上穿了棉袍,韬奋只穿着一件破旧不堪的夹袍打抖;夏季蚊帐破得窟窿太多,他成了蚊子攻击的对象,常常被叮得起了很多"包",本来很英俊的脸变成了大花脸。有一次,韬奋做了一个暑假的苦工,学费还没凑够。开学的前一天,他独自一筹莫展地坐在房里发呆。恰好此时,有人在敲门,"谁呀?这时,怎么会有人来呢?"韬奋心中暗自想着,起身去开门,定睛一看,外面站着一个不太熟悉的同学,叫毕新生。这位毕先生只不过是在朋友家见过韬奋一两面,得知韬奋的状况,赶坐着汽车送来一笔钱款,强要他收下。韬奋看着他那充满诚意的双眸,深深地被感动,最后决定借用,等有钱时还他。当他别后一跨出房门,韬奋回身把房门关上,不知为什么竟感伤得独自一人哭了一顿。是有感于深厚的同学情,还是羞于自己的窘迫的境况?或许两者都有吧……

后来韬奋的三弟邹恩济进了南洋公学附属中学,韬奋和二弟邹恩泳每月各人还要给他几块零用钱,因此经济上的负担就更重了。幸好这时圣约翰大学的图书馆需要一个助理员,每天晚上工作一小时,每月工资9块大洋。韬奋毛遂自荐,居然被校长批准了。这样,他才勉强渡过了难关。

韬奋在圣约翰大学主修西洋文学,副修教育。1921年7

1921年韬奋毕业于圣约翰大学

月,这位品学兼优的苦学生,在诸多好友的帮助下,渡过重重难关,终于从圣约翰大学毕业,完成了学业,为献身社会、谋求职业奠定了扎实的基础。

在毕业前夕,韬奋为了表示他对母校的眷恋,撰写了《与约翰老先生临别的赠言》一文,发表在那一年的《约翰年刊》上。

最后,韬奋向母校表示:"至于我们自己呢,都是你老先生热心教育出来的人材,当然要尽其能力和学识替社会上造福,务求有光荣于你老先生,这一层请你老先生不必过虑的;讲到我个人将来到社会上去任事的方面,有两个宗旨可以预先奉告你老先生,第一必选择性情所近和自己学识所宜的职务;第二既就一事,必聚精会神做去,一扫社会上因循苟且敷衍的恶习。因为倘若所择的职务不是性之所近及自己学识所宜的,于职务固然没有益处,反而把自己的天赋和所学的知识糟蹋;倘若已择定了职务,心不专一,这正是我国各界——以政界为甚——人浮于事而事不举的大根源,也是社会腐败之大根源,所以我立意和他奋斗,并愿我的同志都和他奋斗。"

第一章
为民情怀的萌芽

在举行毕业礼的那一天,全体同学都一律要穿西装,要罩上宽袍大袖的学士礼服,戴上方帽子。对富家子弟来说,他们可以出钱特制很讲究的西装和礼服。但对穷学生来说,礼服是个难题。好在学士礼服和方帽子是可以租的。韬奋就和一个裁缝商量,要暂时赊账,等两三个月以后才付钱。这位裁缝答应了,西装的问题才得以解决。

在毕业典礼上,韬奋穿着租的西装,夹在笑嘻嘻的、很快乐的同学和同学的家属中,心里有一种异样的情感——与其说是胜利的感觉,不如说是伤感的意味居多。他说:"我的大家族住在北平,自己还未结婚,没有什么娇妻,也没有什么爱人,来分受我在这刹那间的情绪上的反应。所以我很觉得好像是个孤零零的孤儿夹在怪热闹的环境中,想到平日的苦忙,想到平日的奔波,想到平日筹措学费的艰辛,想到这一天所剩下来的是三四百元的债务和身上穿着的赊账的西装!这种种零零碎碎的毫无系统的念头,像闪电似的在脑际掠过去,竟使我在那刹那间'生踢门陀'(Sentimental)起来了,眼眶里涌上了热泪——莫名其妙的热泪。但在前后左右都充满着喜容和笑声,独有一个人掉泪,似乎是怪难为情的,所以立刻装作笑容,把那涌上来的热泪抑制着向里流。"

在近代中国社会中,大学毕业生也会面临就业的困惑。职业的危机感对于没有一定社会背景的穷学生来讲是相当严峻的。但韬奋是幸运的,在毕业前就找到了工作。对一个初出茅庐的年轻人来说,就业问题的解决,也是聊以自慰的大事了。在毕业前的一两个月,他的朋友毕云程就介绍他到厚生纱厂任英文秘书,问他去不去。就在此前不久,厚生纱厂的老板穆藕初出资5万银元供北京大学选派罗家伦、段锡明、康白情等赴美留学。这件慨捐巨款乐育人材的事情,使韬奋对他颇有好感,从而答应毕业后即前往厚生纱厂工作。韬奋也由此迈出了他职业生涯的第一步。

四、理想之火的点燃

当记者的人,腿要长,手要快,知识要广,对事物要敏感,哪儿有新闻,就会不管千难万险都要去采访。

韬奋在南洋公学这个"工程师摇篮"里接受熏陶时,心里早就对新闻记者这个职业产生了浓厚的兴趣。因此,他非常关注当时报刊上的一些有趣的报道。尤其是远生在《时报》上发表的"北京通讯"的魅力,使他完全没有了抵抗力。每次跨进阅报室,他总是首先拿起《时报》,看看是否有远生的"特约通讯"。为什么远生的"特约通讯"有这样大的吸引力,让韬奋着迷呢?因为远生是一个优秀的记者,第一,他探访新闻的能力实在好,每遇一件要事,他都能直接由那个有关系的机关,尤其是由那个有关系的政治上的重要人物,探得详细正确的内部的情形。第二,他写得实在好!之所以好,是因为流利、畅达、爽快、诚恳、幽默。所以,从写作内容到写作技巧,韬奋都很佩服远生,把他当作一个极要好的朋友,并且也很羡慕他,希望自己将来也能成为一个新闻记者。

远生是当时的著名记者黄远庸的笔名,他19岁即中进士,成为中国科举史上最后一批进士中最年轻的一个。然而他却绝意仕进,以进士资格赴日本学习法律。学成回国后,他被任命为邮传部员外郎。辛亥革命后,他投身新闻界,先后主编过《少年中国》周刊和《庸言》月刊，担任过上海《申报》和《时报》驻京特约记者，是中国新闻史上第一个有影响的以新闻通讯见长的记者。使韬奋入迷的"北京通讯"，就是黄远庸任驻京记者时，对袁世凯的倒行逆施以及当时政坛黑幕的大胆揭露和无情针砭。韬奋所指的"有关系"的"机关"或"重要人物"，就是指黄远庸善于巧妙利用他在政界的各种关系，采访到别人难以知道的重大新闻和内幕信息；在写作技巧上，黄远庸的"特约通讯"以绘声绘色的细节描述和亦庄亦谐的揶揄反讽见长，善于将对官僚恶势力的仇恨融化在嬉笑怒骂的文字里，其忧国忧民之情令人敬佩。

然而，韬奋所受到的黄远庸的影响，更多的是一个新闻记者对于自己所从事的事业的价值判断。韬奋曾经说："我所敬重的朋友都是有事业的兴趣而没有个人的野心。有事业的兴趣才会埋头苦干而仍津津有味，乐此不疲；没有个人的野心才不至于利用事业上所得到的社会信用做自己升官发财乃至种种私图的阶石。"这正是他终身恪守的座右铭。

当黄远庸因为反对袁世凯称帝而冒险南下时，韬奋时刻担心着他的安危，甚至有好几夜为此事而睡不着觉。后来黄远庸离开上海到美国去的途中，还写了好几篇短小精悍、充满着朝气的通讯发表在上海的《申报》上。韬奋认为，这是他生平最为倾倒的佳作。不料，黄远庸到达大洋彼岸的旧金山后就被暗杀了。韬奋听到这个消息后难过极了，好像自己的一个好朋友去世。

15年以后，韬奋还在《读〈远生遗著〉》一文中深切地悼念新闻界这样一位天才。

另外，还有一位对韬奋产生很大影响的就是梁启超，他主编的《新民丛报》也是激励韬奋要做一个新闻记者的重要因素。

早在福建官立中等工业学堂求学的时候,韬奋就已经读过梁启超的著述。他进入南洋公学附属中学以后,还常常在晚上跑到附属小学沈永瓑先生那里请教。沈先生藏有全套的《新民丛报》,韬奋将其视为珍宝,尤其是对梁启超的文章产生了极大的兴趣,每天几本几本地借出来看,简直入了迷。韬奋认为,这是梁启超一生中最有吸引力的文章。对于当时政治的深刻评判,对于实际问题的敏锐建议,激昂慷慨,淋漓痛快,往往非终篇不能释卷,甚至夜里10点钟熄灯后,还偷偷地点上蜡烛,躲在蚊帐里看,直到凌晨两三点钟才勉强吹息烛光睡去。

当然,韬奋也清楚地认识到梁启超在主编《新民丛报》和《国风报》时"对国事主张的得当与否为另一件事",当时梁启超所建议的事情和讨论的问题已经和时代的发展不相适应了。韬奋主要欣赏的是那些文章锐利明快引人入胜的写作技巧,从而增强了他要当新闻记者的动机。韬奋认为,梁启超"当时的研究勤奋,笔锋锐利,眼光四射,左右逢源,每有主张,风动全国,他的那种活动力,确可算是一个新闻记者的风范"。

梁启超的影响当然不会只局限在文字及其感情上,作为一个启蒙思想家,他的影响更主要地体现在他所介绍的新型思想和价值观念方面。1916年12月15日,梁启超应邀到南洋公学进行演讲,韬奋认真地把梁启超的演讲词记录下来,发表在商务印书馆出版的《学生杂志》上。韬奋说:"吾记梁先生演词,感触不绝于余心。当吾听先生演讲时,吾目无他视,耳无他闻,惟先生是视,惟先生是闻。非吾之能专心,殆先生言论之诚恳有以吸之。既已散会,吾意无他注,惟先生之言论是注;吾心无他思,惟先生之言论是思。以为全国学者,当奉为座右之铭,冀以自淑而淑吾国,则吾国前途,庶其有豸。"

随后,韬奋详细论述了自己的两点体会:其一,既知人人皆有抵抗外界艰危之能力,而此能力用之则功用愈显,不用则消灭无形。其二,既知苟不奋力自辟一新境界,吾侪前途实无一毫生机之可望,则吾学界诸同志安可不惕然深自猛省哉!今夫学界青年,其以苟安为得计者,其亦知循此以往,国势再不能振。吾侪虽存苟安之志,不容吾有苟安之余地也。"语云,置之死地而后生。死地何以有生望?惟其能自知其危而力突重围也。"

韬奋明确表示愿自献其身为此奋斗团之一员。他还呼吁全国学者,"皆各为此奋斗团之一员,同心协力,不稍退缩"。他认为:"全国学生多矣,成此一大奋斗团,仇敌不足畏也,奋斗奈何?此所谓奋斗,非披坚执锐,与仇敌相见于疆场也。盖谓全国学界诸君,先各以毅力与自己德性阙点宣战,与自己学问阙点宣战。学生之为数亦多矣,苟诚能人人与其德性阙点、学问阙点苦战而胜之,则全国学风安得不变,而社会之恶空气亦安得不为之一变。"

最后,韬奋向全国的学生呼吁:"吾侪既知前途之危险,各当提起精神,向正路而直趋,不可再如从前之醉生梦死,与时俯仰。"

我们从这篇饱含爱国主义激情和忧国忧民心绪的文章中可以清楚地看到,青年韬奋也和鲁迅、毛泽东等五四时期的知识分子一样,对梁启超的推崇以及受他影响的程度是很深的。1929年1月19日,梁启超在北平逝世。韬奋在《生活》周刊上发表悼念文章,指出:"我国学术界失了一位导师,这是一件很可悼惜与同情的事情。"他认为:"一人的价值视其为群服务的精神,梁先生这样的不避艰苦为国尽力的精神,我们觉得很有给人想念的价值。"

1921年7月,韬奋获得了圣约翰大学的文学学士学位,迈出了成为职场精英的第一步。他大学毕业后的第一份工作,就是到穆藕初的厚生纱厂当英文秘书。这份工作虽然有违他想加入新闻界的初衷,但在一时没有什么其他更合适的机会的情况下,他也不得不走曲线就业了。

韬奋在厚生纱厂上班没有几天,穆藕初又担任了他自己新创办的上海华商纱布交易所(以下简称"纱布交易所")理事长,并把韬奋调去任英文秘书。纱布交易所关于英文的信件很少,韬奋每天只翻译几页关于纱市的英文电讯,内容只是数目字的变异,格式都是很呆板的,但每月薪水倒有120银元。这对韬奋这样初出茅庐的年轻人来说,已不算少了,只是这项工作不合他的爱好。在精神上虽有这样的烦闷,但是一方面他还没有找到比较适宜的机会,另一方面又急于要归还所借的学费,所以他只能在这样的环境里继续干下去。

韬奋从小就想当一名记者,所以他一边在纱布交易所任职,一边继续留意寻找新的工作。他给教育界前辈黄炎培写了一封信。黄炎培可以说是韬奋的学长,曾经在南洋公学特班选读外交科,受教于中文总教习蔡元培。1916年,黄炎培考察美国教育回国后,曾应邀去母校南洋公学讲演游美感想,给当时尚在南洋公学附属小学求学的韬奋留下了深刻印象。此时黄炎培主持的中华职业教育社(以下简称"职教社")正在物色一位中英文都可取的编辑人才。黄炎培接信以后就约韬奋面谈,十分慎重地索阅了韬奋就读圣约翰大学时发表在《约翰声》上的文章，并仔细了解了韬奋的为人。在进行认真考察后，黄炎培决定请韬奋到职教社担任编辑股主任，负责编辑《教育与职业》月刊和编译"职业教育丛书"。此外，每半年编写一册关于中国职业教育的英文小册子，寄往各国教育机关作宣传之用。有限的经济力量使职教社只能支出60银元的月薪。为了不使韬奋收入减少，黄炎培只要求他为职教社工作半日，还有半日则介绍他到江苏教育会的科学名词审查会兼职。于是，韬奋毅然辞去了纱布交易所的秘书职务，跨进了职教社的大门。

黄炎培当时社会活动特别多，经常外出开会，或讲演，有时乘夜车赶往南京。而韬奋不习惯熬夜，加上晕车，每到目的地，总是头昏脑涨，精疲力尽。黄炎培却是精力充沛，健步如飞。照理，韬奋作为后辈在旅途中应该照顾黄先生，但是实际上却反过来，叫黄包车，讲车钱，都是由黄先生一手包办，布置妥当之后，跟随黄先生出去办事。

深入广泛的社会实践大大开阔了韬奋的眼界，腐败的政治和黑暗的社会促使韬奋的思想发生了微妙的变化。他深深地感到在现有的状况下进行职业指导的效用是很有限的，应该从原来的牛角尖里面钻出来。尽管韬奋对当时的工作仍然尽职尽守，但这一思想上的转变对于他以后主编《生活》周刊时奉行面向现实、面向群众的办刊方针具有重要的意义。

正当韬奋因职业选择而苦闷的时候，一份让他很感兴趣的工作落到了他的身上——担任《生活》周刊的主编。中华优秀传统文化的熏染、民主科学精神的影响以及早期的求学和就业经历让韬奋逐渐萌生了为民情怀。

第二章
民众的喉舌

　　新闻记者是韬奋梦寐以求的理想职业。经过一段曲折的就业之路,他终于实现了自己的愿望,担任了《生活》周刊主编,全身心地投入编辑记者的职业生涯。而且正如他自己所言,在"新闻记者"这个名词上面应加上"永远立于大众立场的"一个形容词。

一、永远立于大众立场

《生活》周刊是在 1925 年 10 月 11 日创刊的。当时由于职教社不断发展，鉴于《教育与职业》是月刊，要每个月才发行一次，而且主要偏重对职业教育理论进行学术研究和探讨，于是职教社想再创办一种周刊，每星期就可以发行一次，专门用来宣传职业教育、进行职业指导、提升青年修养、沟通各地职教讯息。《生活》周刊就是在这样的历史背景下问世的。黄炎培主持职教社的社务会议，对此进行了讨论，最后决定采用职教社副主任杨卫玉所提出的"生活"作为周刊的名字，黄炎培亲笔题写了刊名。主编应该由时任编辑股主任的韬奋担任，但因为当时他太忙，所以请刚从美国留学回来的王志莘担任，由王志莘主持《生活》周刊具体编辑事务，韬奋等职教社同仁为撰稿人，发行工作由当时还在职教社做练习生的徐伯昕兼任。

最初《生活》周刊是一张四开的指导职业教育的小型刊物，登载的文章也都是适应企业职工、店员等小市民的需要，谈些生活和职业修养问题，每期印 2 800 份，主要是赠送给职教社的社员和教育机关，社会影响并不大。王志莘后来回忆道："本刊初办时没有人看，由报贩来一捆一捆称斤两买去，有一次雇人在天文台路的运动场前广发赠送！"

《生活》周刊创刊号

翌年10月,王志莘转入银行界,遂辞去了《生活》周刊的工作。黄炎培等职教社的负责人经过慎重考虑,决定请韬奋以职教社编辑股主任的身份自第二卷第一期起主编《生活》周刊。这是韬奋正式从事新闻出版工作的开始,也是他加深社会认识、探讨人生道路的开始。此后,他就全身心地投入新闻出版事业,始终"乐此不疲",自愿"老死此乡"。而《生活》周刊以崭新的面貌出现在上海滩,发行量屡创中国杂志的新纪录。

《生活》周刊初创时条件很艰苦,社址设在辣斐德路(现复兴中路)444号的一个小小的过街楼里,三张办公桌就把小屋塞得满满的,几乎没有转身之地。编辑部、总务部、发行部、广告部、资料室、会议室,六位一体,都在这十几平方米的空间里。开始时只有"两个半人"从事实际工作,除了韬奋,就是主管营业、总务和广告的徐伯昕和兼职会计孙梦旦。为了编好这份刊物,开创一番事业,三个志同道合的年轻人在几盏悬挂在办公桌上的灯光下,经常工作到午夜。韬奋在描绘这个过街楼时说:"我永远不能忘记这个小小的过街楼,在几盏悬挂在办公桌上的电灯光下面,和徐、孙

《生活》周刊社

两先生共同工作到午夜的景象。在那样寂静的夜里就好像全世界只有着我们三个人,但同时念到我们有的精神是和无数万的读者联系着,又好像我们是夹在无数万好友丛中工作着!我们办公的时候,也往往是会议的时候;各人有什么新的意思,立刻提出,就讨论,就决议,就实行。"

《生活》周刊的编辑工作可以说是韬奋一个人在唱独角戏。黄炎培对韬奋十分信任,不干预编辑工作。职教社的几位同仁原来是可以帮忙写点文章的,但是因为他们忙于原有的职务,所以慢慢地少起来。要向外公开征文吗?一文钱稿费没有,刊物的销路又很小,都是一时难以解决的问题。久经生活磨练的韬奋,尽管在当时也没有看出这个刊物有什么远大的前程,只是他态度认真,做什么工作都是敬业乐业的。他称自己是"光杆编辑",往往全期的文章,长长短短的,庄的谐的,都由"光杆编辑"包办。这并不是他喜欢这样做,确实是因为迫不得已。他模仿了孙悟空摇身一变的把戏,取了十来个不同的笔名,每个笔名派它一个特殊的任务。例如一个叫因公,专做阐扬三民主义及中山先生遗教的文章,对"总理遗教"下一番研究功夫是他的任务。有一个叫落霞,他的任务是译述世界名人传记或轶事。还有孤峰、秋月、春风、润等,都是他接办《生活》周刊之后所用的笔名,分别负责各种各类的短篇文字。回忆起当年的情景,韬奋也是感慨万千。他说:"仅仅有了许多笔名是不会凭空生产出文章的,那时没有听到什么'资料室'的名词,补救的办法是光杆编辑采用了'跑街'政策,常常到上海的棋盘街和四川路一带跑,在那一带的中西书店里东奔西窜,东翻西阅,利用现成的'资料室',

有些西文杂志实在太贵,只得看后记个大概,请脑袋偏劳,有的也酌量买一点。奔回'编辑部'后,便怪头怪脑地分配各位'编辑'的工作!"

除了唱独角戏的材料,毕云程也写了不少文字,给初创的《生活》周刊很大的支持。他是韬奋敦聘的第一位特约撰稿人。

当时职教社的创办人黄炎培也常常以"观我生"和"抱一"的笔名在《生活》周刊上发表文章。那时黄先生是不喜欢自己的文章被别人修改的。但韬奋为了对读者负责,遇到非修改不可的地方时,就亲自去找黄先生商量。他并不因为黄炎培是职教社的主任而有所迁就,反复说明必须修改的原因,有时也经过争辩,直到黄炎培欣然同意修改后才发表。

在编好刊物的内容之后,韬奋还负责看全部校样。他在看校样时总是聚精会神,就和在写作的时候一样,因为他的目的是要尽量使刊物的所有文章没有一个错字。但编辑行业有句行话:无书不错。韬奋尽力减少差错。每期校样他都要看三次,有的时候,简直是重新修正了一遍。

办好一种杂志,最主要的是要吸引人看,而且看了要有所收获。韬奋在编辑《生活》周刊时,非常注意这两者的统一。他在牢牢把握正确的宣传方针,也就是使刊物的内容符合最大多数读者的利益,满足最大多数读者需要的同时,尽量运用高超的编辑技术,把正确的思想内容,用最完美的形式表现出来,以吸引更多的读者。《生活》周刊在韬奋的精心编排下,面貌焕然一新。由于排版新颖,文字优美,内容实在,《生活》周刊吸引了许多读者,发行量迅速增加,不到两年,销量由2 000余份增加到2万份以上。有位读者曾写信赞扬《生活》周刊说:"每星期之渴望《生活》,真有'若大旱之望云霓'之慨。"可见,《生活》周刊在出版发行上是非常成功的。

韬奋的办刊宗旨很明确:"本刊期以生动的文字,有价值有兴趣的材料,建议改进生活途径的方法,同时注意提醒关于人生修养及安慰之种种要点,俾人人得到丰富而愉快的生活,由此养成健全的社会。"

韬奋接办后的《生活》周刊无论是栏目的设置、体裁的多变,还是材料的精选和安排,都可以看出他是花费了大量心血的。至于刊物的内容,他也是抱着十二分的热诚,务求精益求精。他最强调的是有价值和有趣味的统一。他说:"我们这个小小的周刊所抱的宗旨是'寓修养于娱乐之中',所以定在星期六发行,乘诸君闲暇的时候,烧点'好吃的小点心'奉敬,也贵在'简练''轻松';切忌'冗长''沉闷'。"

韬奋接办《生活》周刊后,最重要的改革就是提升刊物的趣味性,尽量"多登新颖有趣之文字","力求精警而避陈腐",并在报头上用大字标出"有价值、有趣味的周刊",以吸引更多的读者。

每个人都有自己的"趣味观"。那么韬奋的"趣味观"是什么呢? 在他眼中,哪些东西最有趣呢?

韬奋认为,最有趣的是事实,最无趣的是空论。他提倡雅俗共赏。因此,他一贯要求通讯员和作者多报道事实,少发表空论,注重事实的深刻描写,切忌空论的无谓铺张。他曾经在一则特别征文中特意告诉广大读者:"倘有值得发表的事实,只须有事实可取，文字润饰，当由本刊任之，故即未能善于作文的民众，苟有事实可举，亦请不必计及文之工拙，惠然赐稿。"在他的努力下，《生活》周刊不仅报道具体事实和民众的生活状态，生动有趣的故事之类的文字大大增加，而且他撰写的"小言论""专论"等也总是以事实立论。行文中有一些有趣的例子，读来生动活泼，读者不会感到枯燥。

当然，并不是所有事实都是有趣味的。韬奋认为，最有趣味的事实主要有三种：一是新鲜的事实，二是"闻所未闻见所未见"的国内外各种社会实情，三是著名历史人物的经历。

读者最感兴趣的东西，往往也是他们最关心最想知道的事情。因此，韬奋认为，作为一名编辑，要用敏锐的眼光、深切的注意和诚挚的同情，研究当前一般大众读者所需要的是怎样的精神食粮。然而哪些事情是读者最关心最想知道的呢？编辑需要密切注意主要读者的需要和时代的发展而不断进行调整。

《生活》周刊的主要读者是职业青年，因此韬奋开始时侧重发表一些职业教育、职业修养方面的文章。但随着时代的发展和人们思想的进步，《生活》周刊也开始注意社会问题和政治问题的研究，渐渐地转变为主持正义的舆论机关。九一八事变以后，韬奋更是把《生活》周刊的宣传重点转移到抗日救亡运动上来。《生活》周刊的内容是随着形势的发展和社会的进步而不断变化的，但它密切联系社会实际和读者思想的特点是始终如一的。

韬奋开始主编《生活》周刊的时候，由于他和大多数读者还没有加入无产阶级领导的革命洪流之中，最关心的还是求学、就业、社交、恋爱、婚姻等问题。针对读者的这种心理和要求，《生活》周刊发表了大量如何争取一切机会求学或自修，如何谋求职业，如何在工作中埋头苦干，争取成功，以及如何处理恋爱、婚姻问题等方面的文章。有的文章从正面讲道理，提建议，有的就某一生活中的事例进行评论，有的通过介绍中外著名政治家、科学家的成功道路供读者借鉴。有时韬奋还提出一些重要的带有普遍意义的问题在刊物上进行讨论，以求得正确的认识和解决的办法。

比如从1926年10月到1927年10月，《生活》周刊就发表了几十篇论述服务的条件（才干、学问、德性、见识、态度、体魄）、服务所需要的性情（耐劳苦、有礼貌、负责、服从、合作、俭朴、无恶嗜好、无奢望）和与此有关的其他文章。《工作与品性之关系》是韬奋发表在1926年2月1日出版的《教育与职业》上的。他接管《生活》周刊后不久，就部分转载了这篇文章。该文明确指出，"为服务社会之青年所宜切记毋忘者矣"。这些问题对准备踏上工作岗位和刚刚踏上工作岗位的青年来说，是很新鲜也是很需要了解的。抓住读者最关心的问题，也就触及了社会的热点，因此必然会引起巨大的反响。这本刊物也就必然会受到读者的欢迎。

韬奋在极力强调刊物的趣味性的同时，始终把它和内容的价值性联系在一起，要使刊物更好地为读者服务，文章内容没有趣味性不行，但他又反对纯粹的趣味性。这种"价值"与"趣味"统一的编辑思想，即使在今天，仍然值得我们新闻工作者学习和研究。

服务是"生活精神"最重要的因素,其内涵是鞠躬尽瘁为广大读者服务。韬奋从主编《生活》周刊开始,就决心帮助读者解决种种困难,凡是在自己力量内所能勉力办到的事情,必须竭诚为读者办到。

他设立了"读者信箱"专栏,把处理读者来信看成是为群众服务的机会。随着读者的日益增多,读者来信也日益增多,从每天的几十封逐渐增加到几百封,有时甚至一天收到1 000多封。

开始的时候,韬奋一个人包干拆信、选登、答复,忙得不可开交,但也乐在其中。他认为,做编辑最快乐的一件事就是看读者的来信,尽自己的心力,替读者解决或商讨种种问题。他把读者的事看作自己的事,与读者打成一片。有一次,韬奋写了3 000余字的一封复信,说服了一个做未婚夫而万端多疑的青年,终于促成了一对快乐的小夫妻。他们于欣慰之余写信给韬奋,表示要把《生活》周刊作为他们快乐家庭的永远读物。后来,韬奋一个人纵然不睡觉也干不完这些事情,就增加了4个人,在他的指导下工作。

韬奋后来在回忆当时的情况时说:"我每天差不多要用整个半天来看信。这也是一件极有兴味的工作,因为这就好像天天和许多好友谈话,静心倾听许多读者好友的衷情。"

为了更好地为读者服务,《生活》周刊于1930年6月创办了书报代办部。韬奋要求书报代办部把来信的原稿都妥为留存,把来信者的姓名和地址都编入卡片,以便联系,来信的内容也按问题的性质分类归档,作为收集材料、研究问题、了解群众情绪、写作言论的"营养剂"。在答复一些专业性较强的问题时,他们总是要请教有关方面的行家。来信太多,不可能全部发表,他们就一一直接给读者回信,有时最长的回信达到数千字。这种服务态度使广大读者对《生活》周刊的信任度日益增加,来信也就更多了。韬奋认为,读者来信所反映的许多情况,也许不是正式的普通调查所能得到的材料,而这些属于社会实际情形的写真,往往是最有价值的东西。韬奋也正是在同广大读者的联系中,对社会、对群众有了更真实的了解,对人生有了更深刻的认识。生活书店的老员工薛迪畅在追念韬奋时说:"记得在上海的时候,有一位苏州青年许君,简直把先生当作私人顾问,不论什么问题,都要先生替他解答。同仁们都感到不胜其烦,但先生却每信必复,循循善诱,从无半点倦意。抗战开始后,那位地主出身的青年,终于在先生影响之下,毅然自动投入抗战的洪流,成为一员反法西斯的战士。"

韬奋为广大人民群众服务的经营思想是始终不渝的。《生活》周刊随着发行量的增加,确实发展很快。于是,社会上一些别有用心的人就造谣说,刊物的老板发了大财,已经造起了大洋房,娶了姨太太。但事实上,韬奋从来不为自己谋私利,他的工资甚至比接办《生活》周刊时还减少了几十元,他在自己刊物上发表的文章是从来不拿稿费的。刊物的盈余都用在发展事业上,让利给读者,比如,给刊物增加页码,增加画页,发行增刊,等等。在一般情况下,不提高刊物的定价,如果出现物价飞涨、纸价暴升,成本大大提高的情况,刊物也是尽量不提价,而是通过增加广告的收入来弥补亏空。后来由于国民党政府禁邮、禁运,刊物的经济收入受到很大的影响,韬奋宁可自己带头每月减薪

50元,也不提高刊物的售价。

针对社会上的谣传,韬奋还在《生活》周刊发表了《苦痛中的挣扎》一文,对杂志社的收支情况作了说明。韬奋说,办刊物,确实有收入,但我们并没有发财,也不是守财奴,没有去买汽车,为个人享受之用,都用在发展刊物的用途上了。"《生活》的生存价值在能尽其心力为社会多争些正义,多加些光明,若必同流合污以图苟存,则社会何贵有此《生活》?《生活》亦虽生犹死,何贵乎生存?"

韬奋在主编《生活》周刊期间,不仅在杂志的思想内容上狠下功夫,全心全意为读者服务,而且非常重视编辑队伍和作者队伍的建设。他最初接编《生活》周刊时只有"两个半人",编辑业务全靠自己一人唱独角戏,几乎全部文章都由他包办。

1929年,《生活》周刊由原来的单张改成单本后,内容更充实,销量增至每期8万份以上,随即增至12万份,后来竟增至15万份以上,为中国杂志界开一新纪元。

随着《生活》周刊发行量的增加,1928年10月以后,黄宝珣、陈其襄的先后加盟和孙梦旦的全职投入,辣斐德路444号的过街楼里有5位正式员工了。

到1932年7月成立生活书店的时候,工作人员已经发展到几十人,并拥有诸如胡愈之、杜重远、李公朴、戈公振、艾寒松、毕云程等一批著名学者和社会活动家的强有力的作者队伍。

在编辑《生活》周刊的过程中,韬奋很注意人才的发现和培养,善于从普通的读者来信中寻找人才。

1930年10月,刚从复旦大学毕业的艾寒松,化名"何敬之"

给韬奋写了一封六七千字的长信,阐述了他对"人生"的看法,提出了"凡是被压迫的人类,都要起来革命,和那一样圆颅方趾却享着特权的人类,拼个你死我活"的观点。韬奋看后觉得这个读者有清晰的思想与正确的观念,是个不可多得的人才,立刻写信约他晤谈。由于艾寒松使用的化名没有人知道,韬奋的这封信就被邮局退回,说并无此人。因为迟迟没有得到艾寒松的回音,韬奋就把那封信略加删改之后刊登在1931年1月24日出版的《生活》周刊上,并在按语中表示"嘤鸣之思,至今不释",请作者"以最近行踪见告"。后来有一天,艾寒松和几位朋友在马路上兜圈子,偶在报摊上看到了这期《生活》周刊,知道韬奋要找他,就马上赶到杂志社。韬奋本想请他担任总务主任,只是经济力量不够,力不从心。尽管当时艾寒松只要求30元一月的生活费就够了,但依据当时杂志社的经济总量,还是无法决定。于是韬奋和艾寒松商定,每期由他替《生活》周刊写一篇关于青年修养的文章,把稿费凑成30元左右,同时在办公室里加一张办公桌,请他来办公。韬奋也感到,这似乎太难为他了,但是艾寒松并不计较,很诚恳地替刊物工作。

艾寒松加入《生活》周刊后,发表了一系列研究、宣传马克思主义基本原理的文章,对《生活》周刊的发展作出了很大的贡献。对于艾寒松的工作,毕云程也有较高的评价:"寒松比较谨慎,政治警惕性较高,他注意到当时客观条件,不能太心急,应该采取由浅入深逐步前进的态度。在初期工作中,他偏重业务性工作,在帮助韬奋编辑工作外,还把《生活》周刊上已经发表过或者没有发表过的'小言论'、'读者信箱'等等编成单行本,一册又一册地陆续出版。从1931年2月7日起寒松在《生活》周刊上发表文章,他选择一般性的题材而暂时避免尖锐斗争的论题。这样做完全适合于当时的客观条件,在工作上给予韬奋以很大帮助,同时也获得了韬奋的极大信任。"后来韬奋被迫出国考察,《生活》周刊的具体编务,主要是由艾寒松负责的。《生活》周刊被封后,艾寒松又和杜重远一起创办了《新生》周刊。

曾经担任过生活出版合作社常务理事的李文在85岁高龄时还念念不忘60多年前的往事:"我在为《生活》周刊代售的同时,深深地为《生活》周刊的清新思想、极富生命力的文章和正义精神所吸引,邹韬奋先生当时所写的'小言论'、'读者信箱'以及揭露时弊的公正言论——抗日救国、挽救民族危机的爱国论述、伏生写的国际时事评论,使我每每读起便废寝忘食。为此,我放弃了新月书店的会计、营业部主任的职务,而去考生活书店的练习生。那时我也是热血青年,对邹韬奋先生所倡导的'竭诚为读者服务'的精神特别推崇,在国民党统治的黑暗时代,它像一盏灯塔,照亮了无数像我一样渴望正义、光明的青年,这样一段历史发生在我寻求光明的成长时期,于我一生都是难以忘怀的。"

为了扩大基本的作者队伍,韬奋经常作一些深入的调查研究。《生活》周刊从第三卷起设立了"国外通讯"专栏。为此,韬奋专门对在世界各国学习的中国留学生作了调查,在此基础上选择了几十名写作人才,聘请为特约通讯员。韬奋时常和他们联系,根据各国的实际情况出题约稿,并按期寄赠《生活》周刊。其中影响较大的就是李公朴、徐玉文、戈公振和王光祈。

李公朴是在1928年8月赴美留学途经上海时认识韬奋并

被聘为《生活》周刊特约通讯员的。此后,李公朴在美国雷德大学求学时,经常来信反映美国的社会状况。韬奋就把他的来信改为通讯发表。尽管他的稿件写得多而杂,但略经删除润饰,亦斐然可观。李公朴和王光祈在国外的经济情况非常窘迫,他们把稿子寄来后,还没有刊出,只要韬奋认为可用,就赶快把稿费汇出。他们都很感激韬奋的照顾。1930年11月3日,李公朴完成学业回到上海时,韬奋还代表杂志社前往码头迎接他的归来。

徐玉文原来就是《生活》周刊的热心读者,1928年赴日留学不久,写了一篇稿件寄给《生活》周刊,随即就被韬奋聘请为驻日特约通讯员,从而写作积极性大大提高,成为来稿最多的通讯员。她文笔流畅,简直可以一字不改。有一段时期,《生活》周刊几乎每期都刊载一篇她的来稿。1931年3月27日,徐玉文完成了在日本的3年学业回到上海。次日,她就前往杂志社看望韬奋。他们虽然通信已久,见面还是第一次。

李公朴和徐玉文有一个共同的优点,就是写得非常勤,源源不断地来稿。韬奋也经常和他们通信,深深地感谢他们,热烈地鼓励他们。一些通讯员回国后,仍然给《生活》周刊撰稿,有的还成为杂志社的长期作者。

戈公振是20世纪30年代我国著名的新闻记者、中国新闻史研究的开拓者和我国早期的新闻教育家,也是《生活》周刊的撰稿人。九一八事变以后,国难日重,抗日救亡运动兴起,韬奋和杜重远、李公朴、毕云程等人筹办《生活日报》,约请他担任编辑部主任。韬奋在公布干部姓名时说:"戈先生在新闻界的历史最久,他在我们这几个人里面可算是老大哥,但他对新闻学研究兴味之浓厚,力求进步之勇猛,却又无愧为一位活泼泼的青年。"

此后,韬奋又在《生活》周刊上撰文,特意介绍了戈公振的特长和经历:"戈先生担任《时报》记者及总编辑者十几年,到欧美专门考察研究新闻事业者两年,回国后仅在《申报》的图画周报上小试其技,已成绩斐然,群认为可与《纽约时报》的星期画报媲美。但在编辑方面总未有给他展其所长的机会。所以我们为本报及人才计,决意请他加入。""最近中央党部宣传委员会因国联会议事,请他暂赴日内瓦在新闻方面工作,他并有意乘此机会到伦敦、柏林、莫斯科等处考察新闻事业最近有无新办法,备回国后参考,大约十一月底可以回国。"《生活》周刊先后刊登了戈公振撰写的《白里安的回忆》《到东北调查后》《途中的中国代表团》等文。

1932年12月10日,韬奋在给戈公振的电报中,热情邀请他在海外期间担任《生活》周刊的特约撰稿人。此后,韬奋多次就约稿和稿费之事,致电戈公振,一再希望他就观察所及,多多赐稿。1933年戈公振随中国首任驻苏大使颜惠庆去莫斯科访问后,决定留在苏联。韬奋更是邀请他就苏联政治及社会近况,撰稿惠赐。当时《生活》周刊已改为合作社,职员即股东,股东即职员。韬奋热情地对戈公振说:"吾兄亦为本社之热心老同志,将来仰仗之处甚多,希望兄归国后亦加入为社员,不胜欢迎。"

1932年年初,韬奋计划在上海创办《生活日报》。但因国民党的百般阻挠,韬奋最终不得不放弃这一计划。1935年夏,戈公振接到韬奋两次电报,邀他回国重新筹办《生活日报》,戈公振即启程回国,于 10 月 15 日到达上海。韬奋亲自到码头迎接他。他们在码头等行李的时候,畅谈了两个小时,然后一起从海关(现汉口路外滩)步行,经外白渡桥,一路谈到到四川北路的新亚旅馆,并共进晚餐。途中,韬奋还为戈公振提着一个装得满满的皮包,里面是戈公振考察所得的重要资料。返沪不久,戈公振因阑尾炎住进了虹桥疗养院,不幸于 10 月 22 日病逝,年仅 45 岁。

戈公振是一个伟大的爱国主义者,他临终前对韬奋说:"在俄国有许多朋友劝我不必就回来……国势垂危至此,我是中国人,当然要回来参加抵抗侵略者的工作……"可惜,戈公振壮志未酬就辞世。戈公振去世后,韬奋为他写了悼文,详细介绍了戈公振因病逝世的经过及其临终遗言。

韬奋对于稿件的选择也是很严格的,从来不迷信"名人""权威",一贯坚持"凭质不凭名"的原则,不管是谁的来稿,只要是好的就用,不好的坚决不用,一点不讲情面观点。但是对真正富有才识的专家学者,他是十分尊重的,从而团结了一大批同样立于大众立场的作者,使《生活》周刊越办越好。

二、公正无私的出版人格

旧书不厌百回读,原来的好东西不能丢,但一本刊物,如果长年累月都是老面孔,即使刊物编得再精彩,时间一长,读者也会产生审美疲劳。

《生活》周刊原来是一本教育类的期刊。韬奋接办以后就对这个刊物的内容进行改革。他根据读者的需要,不断改变编辑方针,使它从单纯谈论"职业教育"和"青年修养"转而讨论社会问题,逐渐成为"主持正义的舆论机关"。他特别重视每期的开篇"小言论"。有一段时间,韬奋头很痛,简直起不了床,但由他执笔的"小言论"和"每周大事记"还没完成,如果不能及时完成,刊物要脱期,这可不行。韬奋立刻把陈象恭叫来,把文章内容告知他。陈象恭逐字记下后,见韬奋病得蛮厉害,看到他痛苦的样子,便劝道,还是请别人执笔吧!但韬奋坚决不同意,一定要自己完成,最后看到清样,交印刷厂,才放心。他认为,"小言论"虽然只有几百字,却是最费心血,最能体现群众的心里话。读者打开刊物最关心的就是《生活》周刊"小言论"的评论。因此,《生活》周刊越来越受到读者的欢迎,尤其是受到青年学生的青睐。

由于韬奋处世认真,满怀对人民大众的同情与热爱,以及富有正义感的"硬骨头"个性,《生活》周刊在他的主持下,渐渐关注社会的问题和政治的问题,渐渐由个人出发点而转到集体的出发点,因此,反映群众疾苦和揭露社会黑暗的文字日益增多。他提出:"本刊的动机完全以民众的福利为前提,今后仍本此旨,努力进行","使本刊对于民众有相当的贡献",明确表示了对劳苦大众的同情。

对于帝国主义对中国的侵略和压迫,韬奋也是深恶痛绝的。他先后发表了《政治力与经济力的压迫》《怎样恢复我们的民族精神》《怎样恢复民族地位》等文,详细分析了帝国主义对中国政治上和经济上的压迫,深刻阐明了"中国现所处的极危险的地位",呼吁全国人民"要联合起来,共同奋斗",抵抗世界列强的侵略。只有这样,"我们民族便可以发达"。日本帝国主义为支持北洋军阀出兵济南,打死打伤中国军民多人的"五三惨案"发生后,韬奋主持的《生活》周刊连续两个半月,刊登了黑体大字的口号"时刻勿忘暴日强占济南的奇耻"以示抗议,并先后发表了《济南惨剧后我们应该怎样?》等文,愤怒控诉日军暴行,号召人民团结一致抵抗日寇的侵略。

1930年2月22日,上海大光明电影院(以下简称"大光明")正在放映美国有声影片《不怕死》(又名《上海快车》)。片中华人身穿长衫马褂,头戴瓜皮帽,脑后拖着一条辫子,尽受洋人作弄欺侮,出尽洋相。影片在放映中,座位中忽有一个高大壮汉挺身而出,走到台上,大声疾呼,抗议影院这部辱华影片,呼吁大家不要再看,抵制该影片。一时群情激动,纷纷要求退票。他就是在复旦大学、暨南大学任教的洪深。大光明的总经理高镜清气急败坏,竟指使其所雇佣的外国经理,把洪深揪入经理室进行殴打,并让外国巡捕把他拖到老闸捕房关押起来。

这一事件轰动了整个上海。愤怒的中国民众都聚集在老闸捕房门口,抗议的电话源源不断。韬奋闻讯后也不由义愤填膺,一方面派人打听洪深的消息,另一方面打电话给老闸捕房以示抗议。在上海各界的声援下,老闸捕房不得不在3小时后释放了洪深。

翌日清晨,韬奋带着《生活》周刊同事和读者的问候,去看望以前并不熟识的洪深,向他表示十二分的敬意。韬奋还在3月9日出版的《生活》周刊上发表了《大光明中不大光明》一文,认为此事的性质,简直是十全奴性的十足表现,卑鄙龌龊寡廉鲜耻到了极点。通过《不怕死》影片这个事件,韬奋认为:其一,外人之捏造诬蔑,固属可恨,然以本国人而凭借外势以侮辱欺凌本国人,更属无耻之尤,应为国人所同弃,鸣鼓猛攻,不稍宽假,庶几可使只要钱不要脸,至于协助外人侮辱自己民族,凭借外势欺凌本国同胞的厚脸专家,亦不得不稍稍顾到只要钱不要脸的无耻勾当实可为而不可为,替民族精神略留生气。其二,"明哲保身"教人怯懦畏惧,实养成今日不痛不痒的麻木国民,现在我们要提倡为正谊公道及民族前途就是死也不怕的精神。

后来,在《不怕死》影片中担任主角的好莱坞电影明星黄柳霜回国观光时,国内民众对这位著名的女明星议论纷纷,反应冷淡,有的甚至有痛恨情绪。韬奋立即发表了《国际闻名的黄柳霜》一文,指出:"黄女士这次回国,民众方面对她很淡漠,应该可使黄女士得到一个教训,幡然醒悟。我们很诚恳地希望她以后能以国际闻名的艺人地位,替中华民族在国际艺术界上获得相当的光荣,第二次回到祖国时,值得我们的热烈的欢迎。"

韬奋在政治上从来是言行一致、严肃认真的,在言论中从不隐瞒自己的政治观点,完全采取了光明磊落的进步立场。

特别是对于贪官污吏,韬奋更是给予毫不留情的鞭挞。他在《贪官污吏的好成绩》一文中举了几个例子:一个做了十几年的国文教员,一旦做了什么县的什么长,不到一年,腰缠5万元,卸任后造起高屋广厦,娶了几个美妾。一些贪官污吏,有的数月,有的不到一年,起码几十万元装到腰包里去。国民党安徽省政府主席陈调元拿剥削来的民脂民膏为他母亲做寿,一共花了10多万元。《生活》周刊对这一事实给予揭露,并怒斥了这种丧心病狂的举动。

在此前后,韬奋还先后撰写了《劳苦民众中的一桩丧事》《励志社的祝捷盛宴》《人力车夫所受的剥削》等文,对当时社会存在的巨大贫富差距,给予了深刻揭露;对国民党高级官吏奢侈糜烂的生活,毫不留情地进行了鞭挞;对穷苦百姓在死亡线上挣扎的遭遇,则表示了深切的同情。他在《平民住宅与阔人洋房》一文中指出:"我们试想,拿10万元一所的阔人洋房,化为200元一间的平民住宅,岂不是一个住宅便可化为500所住宅?但在事实上却由一个'公仆'或是'劣仆'占去了500个十足不扣的'主人'的住宅!我们要望中国的兴盛繁荣,不得不希望前者的数量日益减少,后者的数量日益加多。"

通过这几篇文章,我们可以清楚地看到韬奋爱的是什么人,恨的是什么人,支持的是什么人,反对的是什么人,立场和感情是非常鲜明的。这样的刊物当然受到了广大群众的欢迎,尤其是青年学生的青睐。

1990年11月,著名美籍华裔记者赵浩生在回忆韬奋对他的影响时说:"至今我还清清楚楚地记得,每期《生活》周刊在学校饭厅门前的地摊上出现时,同学们都一改拥进饭厅去占座位抢馒头的活动,而如饥似渴地抢购《生活》周刊。一册到手,大家就精神物质食粮一起狼吞虎咽;而最迫不及待要看的,就是韬奋的时事评论和连载的游记。《生活》周刊的内容并不限于时事、报道,更使青年读者敬重热爱的,是思想和学习的指导。我和当时所有的青年人一样,我们的心情是国事如麻,寇深事急,抗敌御侮的热血奔腾,求知上进的欲望如渴似饥。《生活》周刊恰恰满足了青年的这两个需要。当时每一个人都感到《生活》是我们的生活,韬奋是我们的导师。"

韬奋很重视刊物的"报格"和编者的"主权",主张要有"大公无私的独立精神",认为"没有气骨的人不配主持有价值的刊物"。面对黑暗势力的威胁、利诱、收买,他都是斩钉截铁地回答:"编辑可不干,此志不肯屈。"这充分体现了他除了为人民服务别无他求的办刊精神与崇高人格。在反动势力的各种谣传猛烈进攻面前,韬奋坚持原则,毫不手软,多次撰文怒斥他们散布的流言蜚语,坚定地表示,只要"一息尚存,还是要干"。

1931年7月,国民党中执委、国民政府委员、交通部长兼大夏大学校长王伯群在其妹妹王文湘(何应钦之妻)的张罗下,在上海以10万元强娶所谓"才貌双全"的大夏大学毕业生保志宁续弦,还在上海愚园路310号(现长宁区少年宫,愚园路1136弄31号)建造了价值50万元的新屋,"婚礼之奢华盛于蒋宋,闻为

10万元"。消息传出,舆论大哗。一位读者还特意写信给《生活》周刊,要求调查并揭露王伯群的丑行。

韬奋看了这封读者来信,非常气愤,决定立即给予发表。王伯群看到后又气又急,马上给《生活》周刊写了一封信,进行狡辩。韬奋一面将王伯群的来信也刊登在"信箱"专栏里,一面派记者实地调查王伯群。

调查的结果是,王伯群在愚园路310号的花园住宅是由辛峰记营造厂建造的,共有4层(地下1层,地上3层),规模宏大,结构材料均极讲究,还有一个占地2亩的花园。韬奋特地请了有关专家核算,估计该房屋的造价至少40万元(不包括内部装修费),连同地价在内,这所房子的总价为四五十万元。因为辛峰记营造厂同时承造了国民政府交通部的房屋,所以开价特别低廉,只收了18万~20万元。

王伯群听说《生活》周刊在作仔细的调查,并准备把他的丑行彻底曝光,慌了手脚。王伯群见硬的不行,就用软的方法,赶紧派两个说客去和韬奋"谈判",并携带10万元巨款,妄图用金钱收买《生活》周刊。他们对韬奋说:"王部长最近拨下巨款,对上海各大小报馆都有补助,因为《生活》周刊是部长最'爱好'的刊物,所以补助的经费特别多些。"韬奋本来就知道来者不善,一听这话就把脸沉了下来,当即严肃地回绝说:"《生活》是一个自力更生的刊物,经费多有困难,但是不受任何方面的津贴,一个小刊物也用不着偌大的巨款。"来人马上改口说,要用这笔现金投资《生活》周刊,作为股本。韬奋又以不符合当时的股份有限公司章程为理由,再次加以拒绝。随后韬奋把语调一变,向两个说客建议:"王部长既然这样慷慨,不如替他捐助给仁济堂(当时上海的水灾救济机关)救救几百万嗷嗷待哺的灾民吧!"这两个说客接连碰了几个钉子,就灰溜溜走了。

第二天,韬奋接到了几封匿名信,警告他要小心。但他毫不畏惧,仍然在《生活》周刊上刊登了署名陈淡泉的措辞极其激烈的读者来信《对王保应作进一步的批评》,在编者附言中披露了《生活》周刊记者关于王伯群贪污腐化问题的调查结果,并义正言辞地指出:"在做贼心虚而自己丧尽人格者,诚有以为只须出几个臭钱,便可无人不入其彀中,以为天下都是要钱不要脸的没有骨气的人,但是钱的效用亦有时而穷。……俗语谓'若要人不知,除非己莫为',苟有亏心之事,必有拆穿之日,终必为社会所唾弃。"

自《生活》周刊发表关于"王、保"事件的评述和王伯群的来信以来,韬奋受到了不少无辜的"流弹"甚至直接进攻的"大炮"。尽管如此,韬奋还是坚持以事实为根据进行评论。他说:"倘我得到可以评论值得评论的事实,我便评论;倘我得不到可以评论值得评论的事实,我便不评论,决不因为怕挨骂而动摇这个标准。我自问对王、保二人的婚事,始终没有违背这个标准。"

关于王、保二人的婚事,韬奋是从三方面进行评述的。

第一,关于王、保二人个人方面,陈淡泉说他们一方面是出于"威迫利诱"。韬奋认为:"我不说这是绝无可能性,因为就普通心理学讲,一是20岁的青年,一是46岁的暮年。学识思想性情乃至性欲的升降都难在一条战线上,况且一方面还有姬妾盈堂的历史,在女的方面似少自愿的理由,所以如果保女士是我的姊妹，或是我的朋友，把这件事来请教我，我就顾问的地位当然表示反对，但如果她自愿，无论是出于真正的自愿，或是出于'威迫利诱'而勉强表示自愿（如举行婚礼摄影等动作，非本人自愿或勉强自愿，便不能实行），本人既自愿，旁人实无置喙之余地，她只有自作自受。我所谓'个人问题'，意即在此。"

第二，关于教育风化方面。韬奋认为，"师生结婚，法律无禁止明文，但以姬妾满堂的人而居最高学府的'领导地位'——校长——复以如此的校长而娶本校的女生，实为教育上的憾事，毋怪引起社会上的反感"。

第三，关于奢侈的问题。韬奋认为："当此民穷财尽的中国，应以救国为己任的党员而复身处高等官吏地位，个人的穷奢纵欲，实为国民的罪人。这一点我认为确是很重要而值得评论的，而我们所以未加以评论者，因为在最近以前，确未得到证实的材料。我既坚守评论须根据事实的原则，在未得到证实的材料以前，亦决不愿因'大炮'之纷飞而作违心之论，不过仍在时常留意中。""用自己的钱造自己的房屋，就是四五百万圆，法律亦无禁止明文，原不是一件犯法的事情，大官在租界里造大洋房的，也不限于王君一人，而我们所以不能已于言者，在民穷财尽的中国，一人的衣食住行四种需要中之一种而且一处，已达四五十万圆，而王君信里犹说'伯群素尚俭约，虽备员中央数载，自顾实无此多金'，我们不知'多金'果作何解？'俭约'又作何解？且由此点而疑及王君所声辩的其他各点之是否真实。我们深信国民政府中不少刻苦廉洁的公仆，不应以少数人的令人怀疑的行为而一概抹煞，但我们想到各国正当国难临头之秋，干部人物必须个个公正廉洁刻苦,始克有为,未尝不替风雨飘摇中的中国哀痛。我国中山先生一生之俭苦,应为我们所能记忆……我们但望负有为国家建设的责任者,勿忘中山先生的遗训与遗范,先为大多数民众谋建设,勿急急于为个人自己谋建设。"

韬奋这种威武不能屈、富贵不能淫的精神,是使《生活》周刊始终保持独立"报格"的重要精神支柱。

三、一份人民的报纸

1932年3月5日,韬奋在《生活》周刊上发表了《创办生活日报之建议》,就《生活日报》的组织、特色、张数、广告、销数、资本、会计、开办费、经费等9个问题,提出了具体建议,并取名《生活日报》。

此后,韬奋又先后发表了《关于胚胎中的〈生活日报〉消息》《〈生活日报〉计划之具体化》《正在积极筹备中的〈生活日报〉》《〈生活日报〉几时出版?》《艰难缔造中的〈生活日报〉》《〈生活日报〉办得成功吗?》等文,公开向社会招募股份,随时向读者报告筹备工作的进展状况,并回答读者提出的一些问题。

在《生活日报》的筹办期间,韬奋得到了立信会计事业创始人潘序伦会计师的支持和帮助。为了求合于《公司条例》而又不至降低效率,他们每次讨论三四个小时,弄得韬奋头昏脑涨,最后终于由潘序伦会计师把公司章程草就。

我们从1932年8月12日韬奋致潘序伦的信中可以看到他们合作之密切:"昨晚畅谈无任快慰,关于生活日报股份两合公司之章程,现既拟改为有限公司,特行奉上,乞为依法修改。昨日讨论,照弟所忆及,似可综为三点,敬再述之,以供参考:(一)股权限制,(二)总经理任用须由董事部大多数通过,免职

潘序伦在办公室

须由全体通过,(三)股票过户须得董事部全体同意。除此三点外,吾兄如有其他意见,敬请酌加为感。"

当时有些人误会,以为《生活日报》呱呱坠地之时,即《生活》周刊结束之日。韬奋立即在《生活》周刊上撰文解释,他很幽默地说,《生活》和《生活日报》好似兄弟俩,它们的三观都很相同,各有个性,各有贡献,相辅相成,因此《生活》仍存在,朋友们不必担心。

可是社会上总有人唯恐天下不乱,就像《红楼梦》里的赵姨娘一样,时不时跳出来造谣生事。正当《生活日报》的筹备工作正在积极进行时,一些别有用心的人居然散布谣言,说《生活日报》已归入所谓上海报界托拉斯的势力圈,某某资本家加入了5万元的资本等。这些谣言无非要诬陷《生活日报》已受着什么托拉斯或资本家的操纵。为此,韬奋发表了《独立自由的〈生活日报〉》一文,驳斥了这些无耻的谣言。

当时也有人在问《生活日报》有没有背景?韬奋作了直截了当的回答。他说,所谓"背景"的内容,不外是何党何派出了几个钱办报,为自己一党一派培植势力,或干些自私自利的勾当。再作进一步的分析,还可分两点说:一是经费之所由来,二是主持者之有党派的偏见。

韬奋在上海发起创办《生活日报》,登报公开招募股份,得到了广大读者的热情支持,民众踊跃认股。

《生活日报》的出版工作正在积极准备之时,社会上的种种压力接踵而来,致使韬奋不得不痛苦地宣布《生活日报》停办。他和他的朋友们所付出的艰苦劳动付之东流了。1932年10月22日出版的《生活》周刊公开刊登了韬奋撰写的《〈生活日报〉宣告停办发还股款启事》。

为了筹办《生活日报》,韬奋确实付出了大量的心血。仅是为了阐述创办《生活日报》的意义,说明筹办过程中的一些具体问题,回答读者提出的一些疑问,韬奋就先后在《生活》周刊上发表了14篇文章。但是由于国民党当局的压力,《生活日报》不得不暂时宣告停办,美好的愿望还是落空了。

《生活日报》真的不办了吗?答案是否定的,1936年3月,韬奋到达香港

20世纪30年代韬奋在上海

又创办了《生活日报》,并在沪港之间为抗日救亡运动奔走。

七八年来,韬奋的脑海中萦回着一个愿望,要创办一种合于大众需要的日报。尽管4年前所进行的创办工作,不幸因迫于环境而中途作罢,但是这个愿望仍不断地占据着他的心坎,一遇到似乎有实现这件事的机会,又会唤起他的这个潜伏着的愿望。

赴香港前,韬奋就听说,在香港办报,只要不直接触犯英国人的利益,宣传抗日救国是比较自由的。此外,香港是个自由港,纸张免税,在这里办报可以从纸张上赚些余利来维持办报开销,比别处日报全靠广告费的收入,有着它的特别的优点。这些情况使潜伏在韬奋心坎里多时的那个愿望又一次向他发出了召唤。

韬奋带着这样的憧憬来到香港,开始了在香港出版《生活日报》的筹备工作。首先就是经费问题怎么解决?

韬奋想尽办法,通过几个朋友辗转凑借了一笔钱作为开办资金。由于经济条件的限制,报社只能设在贫民窟的一条汽车都不能进去的小街——利源东街20号一幢只有三个小房间的三层楼房里。这一条短短的小街虽在贫民窟里,地势却很好,夹在香港最热闹的德辅道和皇后大道的中间。

韬奋花了一个多月的工夫,才把这个贫民窟的脏得不堪的屋子翻新了一下,韬奋把它比作一个十足的乡下土老帽儿硬穿上一套时装。

其次,在香港办报,登记是一个难关。韬奋请了一个热心的朋友出面去登记。当香港的洋人问那位朋友为什么要办报时,这位"识相"的朋友咬定宗旨说是要赚钱。要赚钱是他们认为最可钦佩的"大志",至高无上的"美德",所以这个难关就这样被通过了。

第二章
民众的喉舌

为了办好《生活日报》，充实编辑部的人马，韬奋把胡愈之、金仲华、王纪元、柳湜等几位经验丰富的编辑、记者都请到了香

《生活日报》创刊号

港。在筹备过程中,韬奋还提出要同时出版《生活日报星期增刊》,独立发行,以扩大影响。

6月7日,以"努力促进民族解放,积极推广大众文化"为宗旨的《生活日报》冲破重重困难,在香港正式出版,韬奋任社长,毕云程任经理,金仲华任国际版编辑,柳湜任副刊编辑。《生活日报星期增刊》也同时随《生活日报》发行。

为了这份报纸,韬奋倾注了全部心血。当多年的梦想终于实现时,他激动得一夜没睡。第一份《生活日报》刚在印机房的接报机上溜下来的时候,他赶紧跑过去接了下来,独自拿着微笑。后来他回忆说:"那时的心境,说不出的快慰的心境,不是这枝秃笔所能追述的!……我和我的苦干着的朋友们的心血竟得到具体化,竟在艰苦困难中成为事实,这在当时的我实不禁暗中喜出了眼泪的!"

当时在天津主持北方局工作的刘少奇对于韬奋将要在香港创办的《生活日报》非常关心,化名"莫文华"给韬奋写了一封长信,指出:"我觉得贵刊应担负促成解放中国民族的伟业,而目前的中心问题是民族解放的人民阵线之实际的组织。贵刊应将全部精力聚集于此。"刘少奇还认为:"贵刊应成为救国人民阵线的指导者和组织者;成为千千万万各种各色群众的权威的刊物。"

韬奋收到这封信后非常高兴,非常认同这封信的观点,因此决定将这封信发表在《生活日报星期增刊》第1卷第1号上,题名为《民族解放的人民阵线》,并加了编者附言,认为:"莫先生的这封信对于'民族解放人民阵线'有着剀切详明的指示,和我们的意思,可谓不谋而合。"韬奋还表示:"除开在事实上已显然甘心做汉奸,在事实上已在出卖民族利益的奴才们,我们都要尽心力把他拉到民族联合阵线里面来。"

6月19日,刘少奇又以"莫文华"为笔名给韬奋写了第二封信,表达了对《生活日报》的肯定和希望,并且认为"阻碍和破坏民族统一战线的关门观点","成了一切救国先进分子中之主要危险",要求"一切的爱国志士们","为着团结全民族一切救亡的力量去战胜敌人","要放胆的跑到广大的各种各色的群众中去,把人民阵线创立起来"。韬奋再次在《生活日报星期增刊》上全文发表了这封信,题名为《人民阵线与关门主义》,并在编者附言中表示完全接受意见,同时还提出了用"民族联合阵线"而不再用"人民阵线"这个词的建议,从而"使人一望而知是以民族解放为本位的联合阵线;是对外的,不是对内的;是中华民族的任何分子,除汉奸外,都可以参加的,都应该参加的,并不限于任何阶级的,并且不该由任何阶级包办的"。

韬奋力求把《生活日报》办成真正的人民报纸。

《生活日报》出版期间,国内外发生的重要事件,韬奋都撰写文章,坦率表明自己的观点和立场,所以该报深受社会各界的欢迎,订户遍及全国各地和东南亚一带,每日销售两万份左右,比当地销量最多的日报多三倍,在海内外影响很大,对西南地区的抗日救亡运动起了有力的推动作用。

四、事业的第一个目标

韬奋在《生活日报》创刊号中,明确把"努力促进民族解放,积极推广大众文化"作为办报的两大目的。因此,他特别注重推广大众文化,并先后发表了《大众文化的基本条件》《简易文字与大众文化》《民众歌咏会前途无量》等文,认为大众的伟大的力量是新时代的最重要的象征!而它的重要的意义应该运用到大众文化上面去。中国文化界有个很大的危险,那便是"关门主义",守着千篇一律的宗派的方式、隔膜的理论,不顾中国大众的现实需要和容受的力量,因此把它的影响范围越缩越小,简直与大众不相关。文化工作是为着少数人干的,还是要为着大多数人才干的?

当时左翼文化人都在提倡大众文化,说明革命文学都是为了人民大众。1936年6月1日,胡风在《文学丛报》第3期上发表《人民大众向文学要求什么》,阐述了由鲁迅、冯雪峰等商定提出的"民族革命战争的大众文学"。

同年7月1日,尹庚、白曙编辑的《现实文学》半月刊创刊,不仅有民族革命战争的大众文学特辑,还刊登了鲁迅、郭沫若、聂绀弩、王尧山和张天翼等人的文章。韬奋和鲁迅等左翼文化人关于文艺大众化的观点是一致的。

为什么要推广大众文化?韬奋首先从时代的潮流和世界发

展的趋势提出了这个问题。他认为,当时全世界的趋势都是大多数被压迫、被剥削的阶层和少数压迫者、剥削者的阶层力争解放;也就是大众抬头或力争抬头的时代。中国是世界政治的一环,当然也不能例外。以此为出发点所提倡的文化,应该是大众的文化,而不是小众的文化。

嗓子是人本身的乐器,每个人都有,随时随地可以用,任何一种情绪下都能唱,所以唱歌是普及大众文化的重要方式之一。韬奋非常推崇当时兴起的民众歌唱团(原名民众歌咏团,陶行知先生建议改为此名),认为这是推广大众文化的一种很好的形式。他在《民众歌咏会前途无量》一文中介绍了香港民众歌咏会所演唱的《开路先锋》《义勇军进行曲》《大路歌》等歌曲。大众的歌声雄壮激越,听众动容奋发。在重重国难中愁云惨雾笼罩下的人们听到这样悲壮激昂、热血奔腾的歌曲,好像在茫茫黑暗中窥见一线曙光,兴奋和愉快的情绪交并,绝非笔墨所能形容的。

当然,我们并不是相信只须聚拢来唱唱歌,便能消除国难。但是整个民族的解放,必须靠全国民众都能明了国难严重的实际情形,能有为国家民族牺牲的精神。这就不能不十分关注教育民众、唤醒民众、鼓励民众的工作,也就是我们所要积极推广的大众文化的一部分。所谓大众文化,必须领会"大众"这个名词的重要性,必须时刻注意到大多数普通民众的接受性,同时不要徒然高唱大众文化的空洞名词,必须设计种种具体的方法促进大众文化。

当时生活书店的员工活动很多,他们晚上学习,组织服务队到有难民的地方,插上一面小旗,上边写着"生活书店服务队",并为难民写信，还有就是组织歌咏队，唱许多抗日歌曲。据方学武回忆，有一次，他们几个小青年晚上一边编墙报，一边唱歌，弄到半夜，工作还没结束，歌声惊动了在楼上的韬奋，他轻轻地下来，温和地说："已经很晚了，你们明天还要工作，早点休息吧。"几句话说得方学武等人不好意思起来，马上停止唱歌，收拾笔纸。

韬奋认为，"这种大规模的民众歌咏会，除有教育民众、唤醒民众的效用外，还可以使民众深深地感到集体的伟大力量。一个人的声音是轻微无力的，千万人的集体声音便要响彻云霄，有着排山倒海的气概了。这足以暗示整个民族一致团结抗敌救国的伟大力量的象征，能够培养并增加我们的艰苦奋斗的勇气"。所以，他希望"民众歌咏会普遍到全中国"，愿意"听到十万百万的爱国同胞集体的'反抗的呼声'"！

生活书店的员工向来有一个良好的习惯，就是学习的兴趣相当浓厚。学习本来可以分为两种：一种是学校中的学习，另一种是职业界中的学习。职业界中的学习还可以分为两个部分：一个是业余的部分，另一个是职业工作的部分。

对于工作实践中的学习意义，就生活书店的情形说，韬奋认为有几点值得大家注意：

"第一，有人批评本店的工作学习还只是学徒式的学习，这一点固然不能说没有片面的理由，但是我们要知道同仁中负责比较重的都也在极忙的状况中勉力工作，工夫原极不易抽出，所以对于'有系统的教授'往往力不从心，这是事实问题。不过我希望学习者却不必以此自馁，因为在工作的时候，遇有任何事情不懂，尽管向有关的同事询问，多多注重自我学习。在真正学徒式的学习,做师傅的是没有答复说明的责任,(至少事实上是如此)只是由学徒自己摸索。我们至少可把比较熟练的同事当作顾问,当作道尔顿制中的教师。(道尔顿制中的教师,就只是鼓励学生自己设计,遇有困难非学生自己所能解决,向教师提出时,才帮同解决,仍以学生自动的努力为主,做教师的只是立于协助的地位。)

"第二,要预存在工作中学习的态度,然后在学习中才能发生学习的结果。譬如抄写一封信吧,写的时候马马虎虎,瞎损一阵,至少并无意使自己写得好些,这样抄了一百封信,末了一封的字,还是要与最初的那一封的字差不多;同样费时间写,只要在写的时候,稍稍存着学习的态度,一定是能够越写越进步的。我们有许多事要做,固然用不着特别费时间来练字,但是如果在办公中把字逐渐写得比以前好些,容易看些,就是将来把自己造成中国高尔基,印刷所的排字工友也要谢谢你的。又例如在抄信时,不动天君地呆抄,是一种写法,同时还能用些脑子注意信的内容,信内所应付的事情和适当的措辞,使自己也能借此增加些办事的经验与起稿的能力,这又是一种写法。前一种是学习效用很少,后一种却是学习效用很大。这差异只是肯不肯在工作实践中学习。这里只是举个比较简单的例子,其他比较复杂的工作,可以类推。

"第三,工作实践中的学习,不但是同事的学习,即办事技术上的学习,同时还有对人的学习。在一个职业机关里,责任愈重的人,对于人的应付或处理也愈复杂,所以我们不但要学习如何把事办得好,同时还要注意如何与人相处得好,这不是学习如何敷衍人,是要学习如何与人合作,但是要学习如何待人接物,乃至细心观察对于同事工作的分配,对于同事工作效率的增进,尽管自己在目前并不负有指导或领导的责任,也应该切实注意,以备将来自己负到这种责任时可以左右逢源,不至临渴掘井。"

当时生活书店的员工对于工作与学习的关系问题,有一些不同的看法。有人提出,生活书店是一个进步组织,职工待遇不应该有高低,应该实行平均主义。1939年2月加入中国共产党的方学武担任过生活书店重庆分店经理、联营书店经理,重庆文林出版社经理,桂林学艺出版社经理和峨嵋出版社经理。1938年到1939年7月,方学武在重庆生活书店,在韬奋的直接领导下工作。那时方学武见到职工中有人提出应该搞平均主义,方学武也搞不懂,就写信给韬奋,两人相约坐下谈话。真挚的目光、坦诚的语言、亲切的话语,让方学武敬佩之情油然而生。

韬奋直截了当地说,平均主义是不对的,然后他用非常朴素的语言进行分析。人是生产力的第一要素,发展生产要靠人,要有人才。有人把人才比喻为一颗饱孕生命力、创造力的种子。每位职工的水平有高低,能力有强弱,贡献有大小,所以不能够采取平均一律的待遇。待遇有差别,这是一个企业发展所必要的。韬奋见方学武认真地听,不时地在小本子上记点什么,便继续认真地指出:职工们有的家庭负担重,就得考虑用增加福利的办法来补贴。

接着韬奋组织大家学政治经济学,讨论上层建筑和经济基础、生产关系和生产力、剩余价值问题。讨论过程中,大家还联系实际中遇到的问题进行分析,都感到受益匪浅。

第三章
唤起民众

　　韬奋一直与祖国同呼吸、共命运,为重大历史事件鼓与呼。1931年的九一八事变,标志着日本帝国主义侵华战争的开始,也标志着中国局部抗战的开始。在民族危机日益严重、蒋介石政府采取不抵抗政策的形势下,韬奋逐渐接受了马克思主义,政治觉悟迅速提高,实现了从民主主义到共产主义的伟大转变,在中华民族内忧外患交织的艰难时势中,不畏强暴,以笔代剑,怒斥敌寇,反对投降,勇敢战斗在民族解放第一线。

一、救亡图存的探索

九一八事变后,民族危机日益加深,韬奋强烈感受到救亡图存的紧迫性,并付诸实际行动。

一是支持 19 路军抗战。1932 年 1 月 28 日,日本帝国主义发动了对上海的侵略,声称"十二小时可以底定上海"。上海军民义愤填膺,担负沪宁地区卫戍任务的 19 路军将士不理睬国民党政府限制他们抵抗的命令,在总指挥蒋光鼐、军长蔡廷锴的指挥下奋起抗击入侵之敌。日军只得败退到公共租界,并请求英、美等国领事调停。经过调停,双方停战 3 天。在这 3 天中,中日双方都在增援补充。一·二八淞沪抗战打得让日军撤掉 3 个司令,19 路军英勇抵抗、连胜日军,但因缺少支援而失败。上海人民在中国共产党的领导下,掀起了罢工、捐献等运动,并纷纷组织义勇军,协助军队作战,给前线将士以极大鼓舞和支持。在这硝烟弥漫而又激动人心的日子里,韬奋始终与上海军民同呼吸、共命运,忘我地支持 19 路军抗战。

当时上海处于一片混乱之中,韬奋主编的《生活》周刊的印刷与发行遇到很大困难。但是他没有忘记自己的职守,没有忘记读者,克服重重困难把刊物送到广大读者手里,使他们及时了解有关战争的重要消息,竭力"唤起民众注意,共赴国难"。1 月

29日,《生活》周刊一天出了两次《紧急号外》。1月30日,韬奋在《生活》周刊"紧急临时增刊"上发表了《痛告全市同胞》一文,向上海全市同胞呼吁:"(一)忠勇军士为民族人格及生存在前方牺牲生命,所为者非他们自身,实我们全体同胞,故我们应有财者输财,有力者努力,慰劳我前方义军,协助我前方义军。(二)我国抵抗能多坚持一日,在国际上的信誉及同情即随之而有若干之增进。能坚持愈久,国际形势终必发生激变;国际形势对我之能否有利,全视我们自己抵抗力量之厚薄久暂以为衡。我们的救国义军既忠勇奋发以赴国难,我们国民应全体动员以作后盾,庶几军心增壮,战力增烈。商界罢市已为一种表示,各界均应速有秘密之有力组织,各尽能力所及,分途并进。(三)天下绝对没有无代价的利益。我们要想救国保族,必须下决心不怕牺牲,不怕牺牲而后不至并全国全族而牺牲,人人怕牺牲则非至葬送全国全民族于死地或沦为奴隶不止,我们各个人诚有机会牺牲自己而保存国族,虽死无憾,况且在不必即死的以内努力,若再麻木不仁,隔岸观火,则自降于劣等民族,灭亡乃其应得之结果了!(四)时势虽极危急,我们只有向前奋斗,至死不懈,不必恐慌,亦无所用其悲观;我们要深切明白只须我们能奋斗,能奋斗至死不懈,我们最后的胜利实在我们手中,任何强暴不能加以丝毫的改变。我们应利用这种空前的患难,唤醒我们垂死的民族灵魂,携手迈进,前赴后继,拯救我们的国族,复兴我们的国族。"

  由于前方抗日将士的英勇抗敌和上海人民的全力支援,日军预计3小时内可垂手完全占据闸北的企图落了空,渐渐感到势不能支。因此,日本要求我方停战。韬奋识破日军的诡计,马上在 2 月 1 日出版的《生活》周刊"紧急临时增刊"第 2 号上发表了《几个紧急建议》,义正言辞地指出:"如日人再喋喋'恳求'英、美领事向我提出休战,我国政府与人民必须一致坚持三个条件,丝毫不应退让。""(一)日军在上海肇祸,为上海安宁计,日军必须完全离开上海,不许有一兵一舰一机之存留。(二)暴日对我上海市民生命以及公私财产之摧残,在我牺牲极大,我们必须责令日本赔偿,在调查详细数目未完竣以前,日本在华之公私财产须交我国暂为保管。(三)上述休战条件,因日人信用完全破产,须由英、美领事切实担保。"

这时,日本方面还在鼓吹其对上海的侵略是上海的地方问题,与东北无关,与整个中国无关。这简直是睁着眼睛说瞎话。为了批驳这个谬论,韬奋又在 2 月 2 日出版的《生活》周刊"紧急临时增刊"第 3 号上发表了《沪案与整个的国难问题》一文,严正指出:"沪案所之由起,是由于日人借口我国国民的抗日救亡运动;而抗日救亡运动之根源,决不是发生于上海一隅,乃是发生于日本以暴力侵占我东北国土,这是人人所能明了的铁一般的事实。"

为了使那些因交通阻滞而不能及时看到上海报刊的外地及海外读者也能了解"19 路军血战抗日之忠勇悲壮行为",韬奋撰写了长篇通讯《上海血战抗日记》,配上详细的战区地图和血战抗敌的照片,不仅在《生活》周刊上连载,还出版了单行本。此外,韬奋、鲁迅等 43 人联名发表了《上海文化界告全世界书》,后来又在 43 人的基础上,联合 129 位爱国人士发表了《为抗议日军进攻上海屠杀民众宣言》。

随着一·二八淞沪抗战的激烈进行,大量的19路军伤兵从前线退了下来,医院供不应求。韬奋立即决定开办一所生活伤兵医院,救护这些为国受伤的英勇战士。他聘请著名外科专家王以敬①任院长,主持此事。圣约翰大学的附属中学——青年中学(现上海中等职业教育中心)校长瞿同庆慷慨腾出该校的两幢洋房,作为院址。生活伤兵医院招聘救护19路军伤病员的医护人员的启事在报上刊登后,许多有志青年都前往报考。有一位美国医师"为友谊而作热诚之赞助"。大家"虽为义务职,均精神焕发,勤奋异常"。50多年以后,一位当年被"生活伤兵医院"录取的护士薛友兰回忆道:"当时没有别的想法,就是爱国。那天光报考的就有六七百人,而实际录用的只有20多人,都是年轻人。院领导与战伤外科医师均为医务界有名望的医师、博士与圣约翰大学的医科大学生。"在热心的读者捐助6 000元的条件下,生活伤兵医院于1932年3月4日正式开张。全院有近200个床位。医护人员每天为伤病员清创换药、包扎伤口,并为他们读报、代写家信。薛友兰说,她自己究竟写过多少封信已经记不清楚了,只记得蒋光鼐、蔡廷锴领导的19路军战士打仗十分勇敢。

《生活》周刊开设医院,收容伤兵,养护治疗,极大地激励和鼓舞了在前线奋战的19路军将士。蔡廷锴特致电祝贺。他说:

---

① 王以敬(1897—1990),泌尿外科专家,二级教授。1924年毕业于圣约翰大学,获医学博士学位。曾任圣约翰大学医学院教授、宏仁医院院长兼泌尿科主任等职。上海第二医学院建立后,被聘为外科学教授。在他的带领下,仁济医院泌尿科在1963年就开展了肾移植的动物实验研究,为20世纪70年代开展肾移植手术奠定了基础。

"为救国保种而抵抗,虽牺牲至一人一弹,绝不退缩,此心此志,质天日而昭世界,炎黄祖宗在天之灵,以此祝贺伤兵医院开院典礼!"韬奋接到这个电话后,充满激情地回答:"19 路军将领以尽天职,是给我伤兵医院开院最珍贵的贺礼!"生活伤兵医院开张那天,韬奋亲自前往视察,并到病房慰问各位受伤将士,把带来的 100 本最近出版的《生活》周刊,分赠给轻伤员浏览。他还与两位受伤的军官卢振吉、邓锐亲切交谈。韬奋说:"此皆为我民族力争生存而牺牲的同胞,见其痛状,听其哀声,使人感激崇敬悲怆的情绪,萦怀不能自已。"

在轰轰烈烈的一·二八淞沪会战中,由于国民党政府拒不增援,19 路军寡不敌众,腹背受敌,被迫全线撤退。韬奋却从中看到了胜利,看到了希望。他说,"我们观于上海祸变发生之后,忠勇军士和热烈民众在事实上的种种表现,实足使人奋发兴起,认为'能自卫的国家'所赖的基础即在乎此""19 路军英勇抗敌,屡奏奇功,固足以唤起垂死之国魂,振作萎靡之民气""蔡军长和他的忠勇将士此次血战抗敌,义声震动遐迩,不过为我们全国'为中华民族及中华民国生存而战'开一先声,我们全国民众还要赶上去作继续不断的努力"。因此,韬奋认为,"淞沪抗日血战,为八十年来为民族解放而奋斗的最光荣之一战"。

5 月 28 日,淞沪抗日阵亡将士追悼大会在苏州举行,军民数万人参加了公祭。韬奋撰文作了报道,并且指出:"'万家堕泪哭忠魂'的同胞们,也都应各竭心力,'为全民族求解放'而作继续不断的奋斗。抗日阵亡先烈对民族的最大贡献,是他们所留给我们的不知生死不计成败,'为全民族求解放'的不屈不挠的向前努力与奋斗的精神。他们有此精神的表现,才使全世界恍然于中华民族绝非帝国主义者所想象之'习惯于溃败与耻辱的民族';才使全国民众一扫其萎靡不振自暴自弃的恶根性;才使全国军人,虽平日对外怯懦无耻达于极点的领袖,公祭之时亦不得不纷派代表,腼颜称颂,恍然于卫国军人之深得全国民众之崇仰,确非平日专以自私自利为目的,争夺地盘为能事者所能比拟其万一,庶几由此可以稍稍增进军人的人格。故抗日阵亡将士的牺牲诚大,而他们所表现的精神,对外对内的影响却亦无限。我们应承继这种精神,作继续不断的迈进;光明的前途,是要靠我们自己去努力奋斗得来的。"

一·二八淞沪抗战期间,中国童子军第五十团团员罗云祥、鲍正武、毛征祥、应文达,他们随着战地服务团奔往战地辅助红十字会,救了不少受难同胞的生命,后遭暴敌掳掠惨杀,以身殉职,其中最小的才16岁。韬奋撰写了《追悼殉难四童军》一文,缅怀这四位为国捐躯的年轻人。他说:"四君年龄最幼者16岁,最长者不过21岁,都是英俊有为的青年,为我们这个正在挣扎奋斗的民族效力之日正长,遽遭非命,曷胜悼惜!但舍身救同胞于危难,为民族抵抗帝国主义的残暴而牺牲,这是有意义的死!这是值得永远纪念的死!"

当看到要在庙行镇东南隅创建无名英雄墓的"募捐启"时,韬奋给予热烈的响应。他说:"为民族大众的生存而奋斗,死抗帝国主义的侵略而不自顾其身的无名英雄,诚值得我们的顶礼膜拜,永志哀思,所以我们对于无名英雄墓的创建,很愿乐观厥成。"

1939年1月25日,韬奋在纪念一·二八淞沪抗战7周年的时候,发表了《"一·二八"与当前的抗战》一文,再次强调:"'一·二八'是中国民族解放史上最光荣的一页,因为它给与暴日的'不战而胜'的迷梦以严重的打击,因为它是我们全民抗战的最英勇的前哨战,因为它显示给全世界看看中国确能抗战,中国不再是驯伏的绵羊,中国已是怒吼的醒狮了!"

二是通过《生活》周刊宣传抗日救国。九一八事变以后,面对日本帝国主义的疯狂侵略和国民党反动派的妥协投降政策,中国人民迅速觉醒,许多人意识到民族解放和个人出路的密切相关,把眼光从个人的小圈子转向了民族解放的大事业。他们最关心的已不是什么职业修养,而是日本侵略者的动向、沦陷区的情况、中国当局的态度和对策、全国人民努力的方向等。因此,《生活》周刊就"应着时代的要求",也从讨论"个人修养"转向"注意于社会的问题和政治的问题",最后完全变成了一个紧密结合形势的"新闻评述的周报",用绝大多数的篇幅来反映这些情况,讨论这些问题。因此,韬奋对《生活》周刊的办刊宗旨作过新的解释:"本刊旨在'启迪理智能力,增富知识见闻',而内容则重在评述国内外时事,讨论有关政治经济社会各方面一般的问题,介绍国内外的现状与大势,故其体例有评论、专论、国内外通讯等等。……很想借此一扫国民向来只顾一身一家而漠视整个民族群众福利的心理,引起他们注意时事及研究问题的兴趣,扩大胸怀与放远眼光的感觉。"

由于韬奋坚持抗日救国、反对妥协投降,坚持人民民主、反对专制独裁,《生活》周刊销路大增,至1932年年底,发行数达到了 15.5 万份。它不仅在交通比较便利的城市随处可以见到,即使在内地乡村僻壤及远在异域的华侨所在地,也随处可见。最可贵的是,不但有许多读者主动介绍订户,而且订户还有传代的,父亲去世,儿子还继续订阅下去。一位当时还在盐城读书的青年学生徐凤石说,从《生活》周刊第五卷开始,没有一期未曾读过。他从一个普通读者的角度,对《生活》周刊之所以深受欢迎的原因作出的解释是:"一、文字生动精警而有趣味。二、各项重要问题无所不谈,但不趋专门化。三、诚恳地暗示人生修养。四、积极地促进社会改造。再加上先生的公正精透的《小言论》,人生百面镜的《信箱》,因此风行海内,畅销寰宇了。"正如胡愈之晚年所说,"《生活》周刊在宣传反蒋抗日中起了特殊作用。它有广大的读者,就在它的宣传鼓动下,群众性的抗日救国运动逐渐发展起来了。《生活》周刊在抗日救亡运动中是有重要作用的"。

但这也引起了黑暗势力的嫉恨和迫害。1932 年 1 月,蒋介石的心腹胡宗南以高级军官身份奉命把韬奋找去,要《生活》周刊改变立场,拥护国民党政府。韬奋明确表示,"站在中国人民大众的立场上,站在一个认识清楚中国局势而有良心的新闻记者立场上,对于中国前途,认为只有先改变生产关系,而后可以促进生产力。舍此之外,并无第二条出路""对于暴日的武力侵略,除了抵抗之外,不能再有第二个主张"。所以,"我们只拥护抗日'政府'。不论从哪一天起,只要'政府'公开抗日,我们便一定拥护。在'政府'没有公开抗日之前,我们便没有办法拥护"。在这位强硬的文弱书生面前,身为国民党少将的胡宗南也感到无可奈何,只得僵硬地说:"请先生好自为之!"

国民党当局还多次向黄炎培等职教社的领导施压，要求他们出面干涉。而这时的黄炎培也在民族危机日益严重的形势下，满怀爱国热情，积极投入了轰轰烈烈的抗日救亡运动。《生活》周刊的转变正是他所希望和赞同的。因此，面对国民党当局的压力，黄炎培总是以请直接找主编交涉为借口而婉言拒绝。与此同时，黄炎培还给予韬奋更大的经济自主权，以促使《生活》周刊更快地发展。当时，靠捐款办职业教育的职教社经济并不宽裕，而职教社作为主办单位完全有权提取《生活》周刊的利润。但黄炎培分文不取，让韬奋全权使用这些资金，"继续扩大事业"。后来韬奋回忆起黄炎培等人对《生活》周刊的竭力扶持时，非常深情地说："《生活》周刊对于社会如果不无一些贡献的话，我不敢居功，我应该归功于职业教育社当局的诸先生。"

国民党当局企图通过黄炎培等职教社领导来迫使《生活》周刊改变立场的阴谋未能得逞，就以"言论反动，毁谤党国"为罪名，公然于1932年7月下令禁止邮寄。虽经国民党元老蔡元培两次致电国民党当局解释以及黄炎培托人代为疏通，都无济于事。蒋介石坚持认为："批评政府就是反对政府，所以绝对没有商量之余地。"韬奋并没有因此消极动摇，而是想方设法克服困难，在热心读者的多方帮助下，绕过军警特务的监视，利用铁路、轮船、民航等交通渠道，把《生活》周刊大捆大包运往各地，销量没有因为禁邮而大量降低，每期仍为15万份左右。

1932年年底，蒋介石把黄炎培叫到南京，申斥了他一顿，要《生活》周刊改变态度，拥护国民党政府，否则就要查封。经过大家商讨，为了不使黄炎培为难，韬奋决定将《生活》周刊与职教社脱离关系，使其成为一个独立的刊物，由他负责办下去，并在报上刊登了《生活》周刊社脱离职教社的启事。这样既保护了职教社，又有利于《生活》周刊的进一步发展。

这时，还有人暗示韬奋，国民党当局拟派人参加《生活》周刊以左右其言论，或出钱收买周刊。在一个接一个的压力面前，韬奋镇定自若，做好了"宁为玉碎，不为瓦全"的准备。他说："本刊同人自痛遭无理压迫以来，所始终自勉者：一为必挣扎奋斗至最后一步；二为宁为保全人格报格而决不为不义屈。"

由于《生活》周刊坚定地站在人民一边，敢于同反动当局唱对台戏，1933年12月8日被国民党政府查封。当时正在英国考察的韬奋听到这一消息时，非常激动地说："我深信《生活》周刊的精神是永远存在的，因为它所反映的大众的意志和努力不是一下子可以消灭的。"

三是全力支持一二·九运动。1935年12月7日，国民党政府决定在北平设立冀察政务委员会，以满足日本关于华北政权"特殊化"的要求。平津上空乌云密布，整个华北危在旦夕。华北人民尤其是广大青年学生，痛感国家将亡，悲愤地发出了"华北之大，已安放不下一张平静的书桌了"的感慨。在中国共产党的领导下，12月9日，北平学生举行了声势浩大的示威游行，反对"华北自治"和成立冀察政务委员会，要求"停止内战，一致抗日"，从而迅速得到了全国各界人士的广泛响应和声援。一二·九运动的爆发，像春雷一样震动了全国，促进了中华民族的觉醒，推动了全国抗日救亡运动的新发展。

北平学生掀起一二·九运动后，《大众生活》迅速予以热烈支持和大力宣传,从1935年12月21日出版的第6期起连续几期都刊登了声援学生运动的文章。《大众生活》第6期的封面上还刊登了北平的一个女大学生陆璀手拿喇叭筒大声疾呼"大众起来!"的大幅照片。12月28日出版的《大众生活》第7期更是几乎成了学生救亡运动专号,从封面到封底,大部分都是关于北平和各地学生游行示威的照片、报道和

《大众生活》第1卷第6期

评论。《北平学生二次示威记》和《中国人民起来救中国》真实地记录了12月16日北平学生发动的更大规模的示威游行,以及他们同反动军警英勇搏斗的动人场面;《上海八千余学生救亡运动速写》则介绍了上海学生在革命的大潮中,坚决站在北平学生一边,加入了这个轰轰烈烈的抗日救亡运动的行列。在"大众信箱"栏目里还刊登了四篇读者来信,都是介绍他们亲自参加抗日救亡运动的情况和自己的感触,读来特别亲切动人。

第8期、第9期以及以后的多期《大众生活》都继续为一二·九运动呐喊,无论是评论、报道还是图片,都旗帜鲜明地站在各地的学生一边,怒斥反动当局和军警对爱国学生的阻挠和迫害。

每期《大众生活》一出版，都是首先寄给北平学生联合会（以下简称"学联"）几千份，由他们到各校出售。除了部分印刷成本费，大部分都给学联留作经费。北平爱国学生都把韬奋看作自己最知心的老师和朋友，把《大众生活》看作能真正反映学生心声、代表学生说话的喉舌。在这场伟大的抗日救亡运动中，《大众生活》应该说是尽到了它的历史责任的。

著名作家端木蕻良当时正在清华大学求学，他在回忆《大众生活》及时报道一二·九运动的进展，全力支持进步学生的抗日救亡运动的情形时说："沸腾的北方，响应着红军北上抗日的号召，展开了波澜壮阔的一二·九运动，在宣武门前向群众宣传革命道理的陆璀的照片，又很快成为《大众生活》的封面。这对北方青年来说，都是起到互相推动和鼓舞的作用的。当时，《生活》这两个字和'进步'两个字有着同等的意义。这个刊物，连偏僻的小城镇也可以看到。我们在北方的青年抗日救国活动总是能在《生活》上寻取共鸣和支持，因为在九一八（事变）以后，《生活》的旗帜是最鲜明的，它的抗日主张是最坚定、最富有现实意义的，它能代表当时群众的心声，实事求是，发为文章，从而又扩大了群众的心声，这样，互相着形成更广泛的波澜。"

出生于1912年9月的端木蕻良，早在1928年到天津南开中学读书期间组织过新人社和抗日救国团而被学校开除。1932年他考入清华大学历史系，加入北平左联；1933年在天津写了第一部长篇小说《科尔沁旗草原》，这部有"自传成分"的小说，问世后，誉满文坛。同时，端木蕻良用"叶之林""曹坪"等笔名，开始与鲁迅通信。1935年端木蕻良回到北平，参加了一二·九运动。

参加一二·九运动后,端木蕻良来到上海,前往生活书店拜望了仰慕已久的韬奋先生。回忆起当时的情景,端木蕻良还是非常激动:"我一踏上黄浦江边就想去拜望他。我不但尽可能地想把北方学生抗日的涛声带给他,同时也想看看这位平凡的人,为什么具有这么大的吸引力。"

端木蕻良在会客室把陶行知先生的亲笔信交过去,很快就听到隔壁响起了有力的脚步声,领头的就是韬奋,后边还跟随了几位同志。韬奋亲切地和他握了手,好像对待相识很久的朋友一样。韬奋仔细打听北方青年抗日运动的情况,端木蕻良把自己所知的告诉了他。韬奋听了非常兴奋,特别是听完一二·九运动的情况后两眼发光,就像亲身投入这巨大的游行行列里一样。他们谈得很相投。

韬奋告诉端木蕻良,生活书店是白手起家的。他接着说:"生活书店为什么会越来越大呢?这就得'感谢'国民党了,我们才出几期,他就要我们停刊。但是广大读者是支持我们的,一订就是一年。知道《生活》被国民党逼迫停刊,都来信说:'不要你们退款。订《生活》的款子就捐给你们了,连封感谢信都不要你们破费,你们什么时候重新出,我们什么时候再寄钱向你们重新订!'这样,生活书店就越来越大了。所以,生活书店应该是属于人民的!"端木蕻良不由得环顾一下这座小楼,顿时就觉得它高大起来,就连当时上海的国际饭店也无法比拟。

端木蕻良认为:"韬奋先生和他所开创的《生活》为什么在全国人民中有着这么广泛的吸引力,就因为他代表了人民的力量,说出了人民要说的话,成了人民要求抗战的代言人,因为他生活在人民中间,人民便支持他。"

在一二·九运动期间,韬奋先后发表了《学生救亡运动》《再接再厉的学生救亡运动》《学生救亡运动与民族解放联合战线》等文,"希望能唤起全国大众的严重注意",并随时驳斥那些破坏运动的言论和行动,还不断地对运动作出正确的指导。他认为:"民众运动在民族解放斗争中占着非常重要的位置,学生救亡运动却在民众运动中占着一个很重要的部分。尤其是在民众运动消沉的时候,学生救亡运动是大范围的民众运动的酵母,是大范围的民众运动的先驱,它的重要是在全国大众的全盘努力里面有着一种非常有意义的推动功用。"北平学生的爱国行动,"至少使全世界知道中国大众并不是甘心做奴隶;至少使全世界知道投降屈辱,毫不知耻,并不是出于中国大众的意思。这是中国民族解放斗争的序幕,这是中国大众为民族争生存不怕任何牺牲的先声"。因此,他充满激情地说:"参加救亡运动的男女青年同胞们!你们的呼号声,是全国大众心坎里所要表现的愤怒!你们紧挽着臂膊冲过大刀枪刺的英勇行为,是全国大众所要洒热血抛头颅为民族解放牺牲一切的象征!记者为着民族解放的前途,要对你们这先锋队顶礼膜拜,致最诚挚的无上敬礼!"

韬奋向参加学生救亡运动的青年同胞提出了三点建议。第一点是"对象要看得清楚"。他认为:"在北平发动的学生救亡运动提出的最注重的一点是'反对所谓自治运动',这只是就当地实际情形提出的一个具体要求,同时却要注意变相地奉送华北,尤不可忘却整个民族解放的大目标。"第二点是"只有有目标有策略的集团组织才有伟大的持久的力量"。他说："个人固然没有力量，一个学校的力量也很薄弱，所以不但一个地方的各校须有联络，全国各地各校也须有联络，而且同时对于社会其他力量也要发生联系。"第三点是"要有排除万难不怕艰苦的精神"。他认为："现在环境的艰苦，远非五四时代所能比，种种障碍之易于令人却步灰心的不可胜数，我们当准备遇着这种种的障碍，无所用其惊奇，无所用其畏缩，步步为营，设法应付，而不可被这种种障碍所克服。"

韬奋还特别强调要"注意'联合战线'原则的运用"。他全力号召："全国学生在民族解放斗争的大目标下，结成学生的联合战线；全国人民也在民族解放斗争的大目标下，响应学生救亡运动而结成全国救亡的联合战线。必须有这样整个的斗争力量，向着这个明确的大目标携手迈进，才能拯救这个危亡的国家，才能自拔于奴隶的惨祸。"

四是"七君子"对抗日救亡运动的推动。抗日爱国运动风起云涌，在日本帝国主义施压下，国民党当局于1936年11月23日凌晨非法逮捕了邹韬奋、沈钧儒、李公朴、沙千里、史良、章乃器、王造时7位救国会的领袖，这就是中国近代史上著名的"七君子"事件。

他们被关押在国民党江苏高等法院苏州看守分所。在"七君子"被捕的第四天，宋庆龄就对报界发表严正声明，反对违法逮捕爱国领袖，并警告幕后指使的日本军阀当心，全中国人民是不会饶他们的。她大义凛然，气贯长虹，全国人民为之振奋，肃然起敬。宋庆龄不仅发表声明，而且付诸行动，发起"爱国入狱运动",提出：如爱国有罪,愿同沈钧儒等同受处罚;如爱国无罪,则与他们同享自由。

1937年4月3日,是国民党政府对"七君子"法定羁押侦查2个月以后又延长2个月(共4个月)的最后一天,国民党江苏高等法院送来了起诉书,居然以"危害民国紧急治罪法第六条嫌疑"对韬奋等人正式提起公诉。

6月11日,国民党江苏高等法院第一法庭对"七君子"案开审。韬奋等人都把个人方面的利害看得很轻,仍然注意于如何开展救亡运动以达救国的目的。因此,对于公开审问,他们认为这是宣传抗日救国主张的一次机会,因此作了充分的准备。在法庭上,他们始终坚持真理,大张正义,力争救国无罪,从而把检察官驳斥得狼狈不堪。正如韬奋在看守所为前来采访的上海《新闻报》记者陆诒的题词中所写的"力争救国无罪,不是为个人,是为着救亡运动的前途。不许侮辱人格,也不是为个人,是为中华民族人格的光辉",所以,这场斗争具有重大的政治意义。

6月11日下午1时50分正式开庭,共有25名律师自愿免费

1937年韬奋书于国民党江苏高等法院苏州看守分所

为"七君子"辩护。在法庭调查中,韬奋等有理有据地驳斥了起诉书中的诬蔑,并回答了审判长的问题。韬奋说:"如果说'危害'二字,只能说危害日本帝国主义侵略者而说不上危害民国。"法庭调查韬奋时,说他在《生活日报》上发表的与莫文华的通信中,"妄倡人民阵线,企图推翻政府"。韬奋引述了通信的原意,指出讨论的目的在于宣传联合统一抗敌阵线,至于人民阵线的提法,他当时就认为不提为好,以免引起误解。韬奋要求调阅1936年《生活日报》为证据。下午7时20分,法庭调查告一段落。

次日上午11时,法庭调查继续进行。鉴于国民党法庭审判长及全部推事"拒绝调查证据,已具成见",韬奋等向江苏高等法院提出"声请推事回避状",要求依法"停止诉讼程序"。下午3时25分,法庭不得不宣布退庭。退庭后,韬奋等"在候审室大讲其笑话,笑声充满庭院",并与新闻记者交谈。

6月17日,国民党江苏高等法院裁定,照准韬奋等"声请推事回避状",改派刑事第二庭承办。6月25日,"七君子"案于上午9时30分在国民党江苏高等法院再次审理,全日询问达7小时之久。韬奋在第一次接受审问时,说话声音低沉,这次则特别响亮,竟如演说一样,神态激昂,声色俱厉地斥责了黑暗势力对于纯洁的爱国行动的诬蔑。在回答审判长就"人民阵线"一事的询问时,韬奋指出:"《起诉书》把我反对用'人民阵线'字眼的文章用来证明我曾经提倡'人民阵线',这是断章取义,罗织入罪!"检察官想了很久,忽然站起来斥责说:"被告刚才说本检察官断章取义,罗织入罪,这是不对的。你们给张学良的电报,叫他出兵抗日,他没有得到中央命令,怎能抗日?并且他离绥远很远,事实上也不能抗日。本检察官代表国家行使职权,被告不能随意指责!"韬奋气愤地驳斥:"我刚才说断章取义,罗织入罪,是指人民阵线这一物证而言,检察官却牵涉到张学良的问题上去了,真是牛头不对马嘴!"审判长摇手制止他发言,帮助检察官摆脱困境。韬奋十分激愤地说:"如果审判长认为检察官的话是对的,那么请不必再审下去了!"关于救国会与西安事变的关系问题,韬奋指着救国会给张学良的电报说:"这个电报内容明明说希望张学良请命中央出兵援绥抗日,并非叫他举行兵谏。而且同时打同样性质的电报给国民政府,为什么不说勾结国民政府?请检察官说明电报与西安事变究竟有什么因果关系!"下午5时35分,审判长宣布暂时退庭评议,评议后宣布继续调查,于不了了之中退庭。此后,国民党江苏高等法院决定,对韬奋等人"延期拘押二月"。

1937年7月,宋庆龄率领救国会一行12人避开上海警宪耳目,亲赴国民党江苏高等法院自请入狱。宋庆龄质问该院院长:"救国有罪无罪?如果无罪应把七位救国会领袖立即释放,如果有罪,则把我们一起关押起来。"正是这天下午,韬奋夫人沈粹缜和李公朴夫人张曼筠得知消息后,特地买了水果、点心、蚊香等物品,到国民党江苏高等法院会客室慰问。作为家属,她们目睹了宋庆龄营救"七君子",为爱国,争自由,感佩不止。第二天,"七君子"致函宋庆龄表示感谢。

七七事变以后,全国团结抗战局面形成,由于韬奋等人坚强不屈的斗争,全国各界人士的积极营救和广大人民群众的大力

韬奋和夫人沈粹缜在国民党江苏高等法院苏州看守分所留影

声援,国民党政府不得不于7月31日将"七君子"交保释放。韬奋等人终于结束了在苏州243天的牢狱生活。闻讯赶来的近千名群众在看守所门前的广场上迎接他们,韬奋等人与他们一起高唱《义勇军进行曲》。大家前呼后拥地将他们送到花园饭店,并召开了欢迎会。韬奋等人在会上表示:"抗敌精神,始终不渝。"

8月1日上午,韬奋等人由苏州回到上海,胡愈之等百余名亲友到火车站迎接。"压平路上的崎岖,碾碎前面的艰难,我们好比上火线,没有后退只向前。"韬奋等人高唱着《大路歌》走出了车站。中午12时30分,胡愈之和胡兰畦(何香凝的代表)、张志让、沈兹九、罗叔章、梅龚彬等各团体的代表和救国会的负责人在上海的邓脱摩饭店为"七君子"洗尘。这时忽然有100多位青年学生闻讯而来欢迎"七君子",并要求7位先生讲话。韬奋对大家说:"诸位,刚才几位先生已有很好的报告,兄弟的意思,不过说一说自己所要说的话。兄弟在苏州,常常承蒙朋友来访,他们常问我两句话:(一)你在看守所有什么感想?(二)以后态度如何?兄弟对这两句话的答复:(一)在看守所

1937年"七君子"获释前留影（右一为韬奋）

内心安理得；（二）兄弟有坚定之信仰。就是各人能努力于大众所要求的事情，无论力之大小，最后一定能取得胜利。兄弟每自反省，自己好不好？所做皆大众所要做的事吗？自问无错，所以是心安理得。兄弟常想，个人可受委屈；但大众的事，应顾到大众方面，非如个人可以随便，所以在看守所内感想是什么？个人都不要紧，可牺牲，可抛弃一切，但不能出卖大众，违反良心做事。个人尽可杀即杀，打即打，心中满不在乎。而兄弟又很想早些出来，和大众做一些事。一切不求个人胜利，亦没恨人的心。个人心目中，惟大众的事，务须和大众有益，以前一切皆可以不管，但愿今后能合作。今天看到诸位，知道救国工作，并未因7人被捕而受到影响。简言之，就是7人死了，诸位对于救国工

热爱人民
邹韬奋的为民情怀

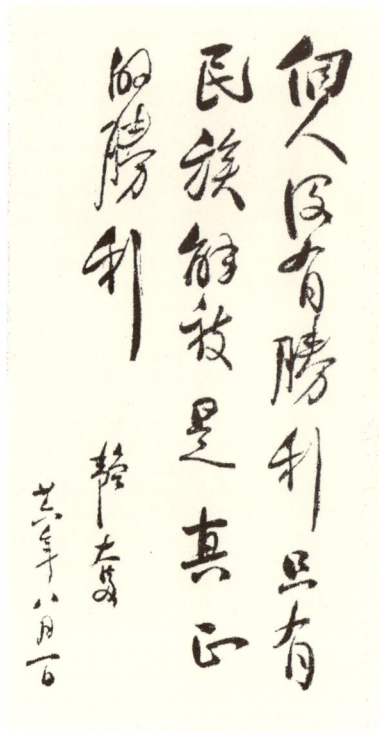

1937年8月韬奋题写
"个人没有胜利,只有
民族解放是真正的胜利"

作亦会更努力。兄弟是心安理得,生一日,努力一日,和诸位做到民族解放的一步。"这就是著名的《在出狱欢迎会上的演说》,后来被收入高中语文课本。他还当场题词:"个人没有胜利,只有民族解放是真正的胜利。"同时,他还为即将出版的介绍"七君子"事件的集子《救国无罪》题了词——"同心协力 抢救危亡"。

在这里,还要特别说明的是,邹韬奋在狱中除了参加集体活动,还笔耕不辍,补写完成了政论集《展望》、自传体《经历》、游记《萍踪忆语》。他在狱中还翻译和整理了英文笔记,编就《读书偶译》。这是一本宣传马克思、恩格斯、列宁生平学说的读物。这是韬奋一生唯一正面宣传马列主义的书,通过编译,不断端正树立正确的理论基础,指导自己的实践。早在1933年7月,韬奋流亡海外(即第一次流亡),到了英国伦敦,经常到伦敦博物馆的图书馆研读马列著作及其他社会科学书籍,摘抄了大量英文笔记。狱中的这些日子,为韬奋提供了翻译英文笔记的机会和时间(图3-8)。在这本书的后记里,韬奋向李公朴、金仲华、胡愈之、张仲实四位好友致谢。他们貌似松散,实质情操高尚、团结一心。对于患难中的知交,监狱是无法阻隔他们坚固亲密的革命友情的。

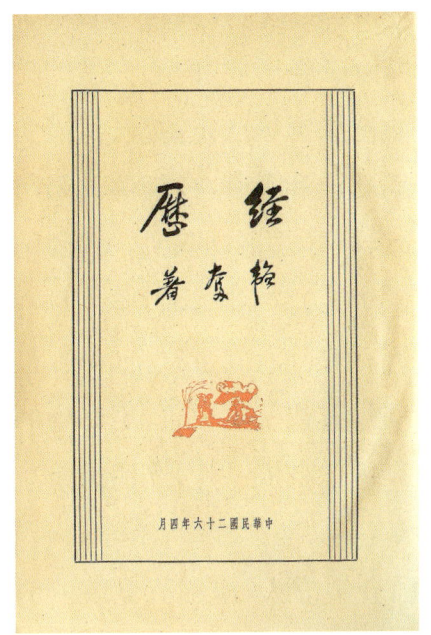

《经历》书影

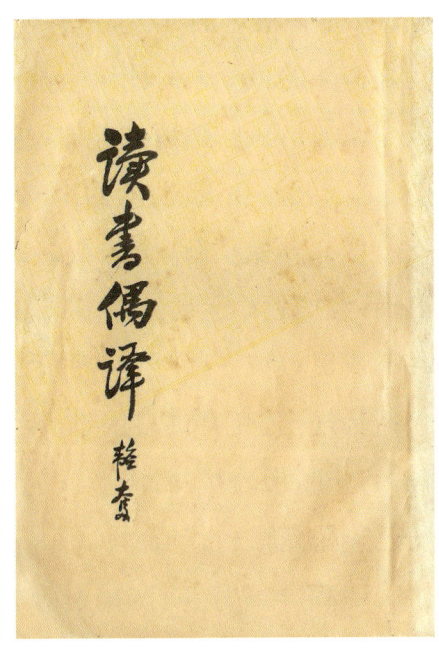

《读书偶译》书影

韬奋在狱中写作

韬奋出狱后,先是居住在上海的吕班路巴黎新村(现重庆南路169弄)5号,后又迁移到拉都路(现襄阳南路)389弄3号。389弄是条很短的弄堂,一共才3户人家。他看到自己多年来为之奋斗的目标——团结抗战的局面已经形成,内心充满着无限愉悦的情感。他说:"此时政府的抗战国策已定,且已付诸实行,全国已经和平统一,西南问题固然已和平解决,即国共第二次合作亦开始实行,全国在中央政府领导之下,同心协力,团结御侮;参加救亡运动的许多同志,不惜冒万险,排万难,唯一目的在形成民族统一战线,实现团结御侮的局面;到了这个时候,虽仅粗具规模,尚有许多困难尚待克服,有待于更艰苦、更忍耐的努力奋斗,但就抗战而论,政府和人民已打成一片,光明的前途实已显露其曙光。"

1937年8月3日,韬奋等救国会领导人,应国民党政府的邀请,到南京"约作十日的勾留","贡献一些关于救亡运动的意见"。在南京期间,他们会见了阎锡山、白崇禧、刘湘、龙云等一些党政军要人,所谈的也不外救亡运动的问题。他们还和杜重远一起走访了98岁高龄的爱国老将马相伯,交谈了有关抗战的各种问题。马相伯虽然耳朵和眼力都比以前差一些,但是精神仍然很好,还是谈笑风生,无时无刻不以抗日为念。据他的孙女说,马相伯"天天嚷着要看报,看到华北我军打胜仗,他的身体就特别好些,看到我方军事失利,他就生起病来,他的健康简直和抗战的胜利成了正比例"。韬奋特意拿出马相伯在1935年12月书赠的手迹"耻莫大于亡国,战虽死亦犹生"给大家欣赏,并坚定地表示,不管国民党军政要人如何软硬兼施,必定要坚持抗战,血战到底。马相伯高兴地问韬奋最近的打算是什么,韬奋回答说:"创办一个刊物。"他认为,抗战最重要的意义,是在事实上表现中国的确能够抵抗到底!所以,这个刊物就叫《抗战》。大家都说这刊名亮出了全民族抗战的旗帜,表达了我们破釜沉舟的决心。事后韬奋还撰文介绍了马相伯先生近状,号召"努力抗战的同胞们,我们只有努力于抗战的工作,才能安慰我们这位98岁高年的爱国老将"。

五是"三军可夺帅,匹夫不可夺志"。《大众生活》风行全国,为每一个爱国青年所爱护,为每一个妥协阴谋者所震慑不是偶然的,因为它与抗日救亡运动有着千丝万缕的联系。对于参加救亡运动的主要作家和热血青年,他们的重要著作都在这个刊物上发表;这个代表时代性的刊物,它的内容与时代的进步主调息息相关,有着非常密切的关系。

但是,当时随着一二·九运动所形成的风靡全国的救亡运动与国民党政府的所谓"睦邻政策"处于矛盾的地位,国民党当局没有把民间的爱国运动视为对外来侵略者的同仇敌忾,却视为反对政府!

当时上海已经成为实际上领导全国救亡运动的中心,而在国民党政府看来,这个"中心"最要关注的东西之一就是每期有着20万份销路的《大众生活》周刊。因此,反动当局再次向韬奋发动攻击。他们散播谣言,诬陷韬奋侵吞当年《生活》周刊社代收的各界援助马占山将军的卫国捐款。韬奋聘请著名大律师陈霆锐在报上发表声明,公布当年由潘序伦会计师查核无误所出的证明书,用事实粉碎了敌人的无耻谣言。

与此同时，韬奋在《大众生活》上发表了《韬奋紧要附启》，回答读者好友询问有关《大众生活》将被封闭和韬奋将被拘捕或陷害等传言的来信，感谢"诸位好友垂爱的殷切和关心的恳挚"，并明确表示"要为爱国救亡运动多尽一些力量"。他认为："中华民族已到了生死存亡的最后关头，事实铁证，摆在眼前，谁也不能否认的了。在这样艰危的形势下，除发动整个民族解放的英勇抗战外，没有生路。"韬奋对于"个人的安危生死，早置度外"。他再次表示了自己的严正立场："我深信只有大众有伟大的力量，只有始终忠实于大众的工作才有真正的远大效果。我个人无论如何，必始终坚决保持这个信仰，决不投降于任何和大众势不两立的反动势力。在欲得我而甘心的，必将尽其凭空捏造毁谤诬蔑的能事，但事实胜雄辩，在我个人，原不在意。不过我不愿因人有意破坏我的名誉，侮辱我的人格，而影响到我对于国事的主张和我为着大众的工作，所以在此艰危之际，在这一点上仍略为表明一些我的心意。"

接着，国民党政府又派出两个要员——刘健群和张道藩找韬奋谈话。会面是在韬奋的一个出版界的朋友邵洵美的家里进行的。

这时刚刚担任国民党中央宣传部部长的张道藩"很会说话"，一个人就说了3个小时。韬奋静心倾听，却始终不得要领。

刘健群当时是复兴社的总书记，那天，他剃着光头，两个眼睛睁得圆圆的，说的话也不少。关于抗战问题，他发表了一大篇所谓的"领袖脑壳论"。在中华民族危机日益严重的形势下，是否应该立即停止内战，全国团结一致御侮呢？也就是说，中国应否抗战？如果那时还不应抗战，那么到什么时候才应抗战呢？这些问题，在刘健群看来很简单，"全凭领袖的脑壳去决定"。他认为："一切都在领袖脑壳之中，领袖的脑壳要怎样就应该怎样！我们一切不必问，也不该问，只要随着领袖的脑壳走，你可以万无一失！""你们言论界如果不绝对服从，还要呶呶不休的话，那好像领袖要静静地睡觉，你们这些蚊子嗡嗡在周围烦扰不休，使他是忍无可忍，只有一挥手把这些蚊子完全扑灭。"韬奋听到这种有趣的奇谈，除由微笑到失声狂笑，寻不出其他的落场。刘健群见韬奋只是笑，以为他已经心悦诚服了，进一步威吓说："老实说，今日杀一个韬奋，绝对不会发生什么问题，将来等到领袖的脑壳妙用一发生效果，什么国家大事都一概解决，那时看来，今日被杀的韬奋不过白死而已！"

韬奋当场坚定地表示："救亡运动是全国爱国民众的共同要求，绝对不是一二人或少数人的'脑壳'所能创造或捏造出来的，所以即令消灭一二'脑壳'，整个救亡运动还是要继续下去，非至完全胜利不会停止。我不参加救亡运动则已，既参加救亡运动，必尽力站在最前线，个人生死早置度外！"他还说："政府既有决心保卫国土，即须停止内战，团结全国一致御侮，否则高嚷准备，实属南辕北辙。"韬奋还尖锐地驳斥了刘健群的"领袖脑壳论"，指出："领袖的伟大处正在能集众'脑壳'的大成，而不在消灭众'脑壳'或无视众'脑壳'而成为'孤家寡人'。"

后来，韬奋在谈到此事时明确指出："这种领袖观便是独裁的领袖观和民主的领袖观的根本差异。民主的领袖观是要领袖采取众长，重视民众'脑壳'，即重视民众的要求和舆论的表现；

独裁的领袖观却恰恰相反,只有领袖算有'脑壳',其余千亿万的民众算是等于没有'脑壳'！前者需要真正的民意机关,民意机关便是最优秀的民众'脑壳'的聚集所；后者便厌恶民意机关,因为聚集他们所怨视的民众'脑壳'于一堂,不但没有什么意思,而且他认为还要妨碍他的独裁。"

与此同时,蒋介石又假惺惺地约韬奋去南京"当面一谈",杜月笙出面表示愿意全程陪同。韬奋是通过黄炎培的介绍而认识杜月笙的,而杜月笙又是蒋介石最亲近的一个人。许多职业界的朋友都赞成韬奋前往南京。杜月笙很豪爽地拍胸脯说道:"有我杜某陪你同往,又陪你回来,安全绝对没有问题。"他一面这样说,一面致电南京接洽好日期,南京方面决定派戴笠亲往火车站来接韬奋。

当时韬奋对于杜月笙之约一时未置可否,经和救国会有关同志讨论后决定不去南京。当把不去的决定告诉杜月笙的时候,韬奋才知道他所约的日期即在翌日清晨,当晚即须乘火车赴南京。对于韬奋不去的决定,杜月笙很不痛快,认为是失约了。当天下午韬奋在中汇大楼和杜月笙谈话的时候,在座的还有一位和蒋介石走得很近,平日对韬奋也很有好感的银行家。他听了韬奋的决定后说:"你这次要不往南京一行,就只有再流亡海外,国内是休想驻足的！"但是韬奋主意已定,"三军可夺帅,匹夫不可夺志",他只有谢谢这位银行家的好意,并再三对杜月笙表示歉意！

后来据杜月笙说,翌日清晨戴笠果然亲往南京车站来接韬奋,接不到人,只得丧气乘车而回。路上适逢倾盆大雨,泥泞溜滑,半途车子翻覆,弄得全身污泥!

《大众生活》因此又遭反动政府的进一步迫害,禁止邮寄,不准出售,并以"鼓动学潮,毁谤政府"的罪名,被当局勒令停刊。在短短3个多月里,《大众生活》搬了两次家。《生活》周刊创刊时在福州路复兴坊(即384弄),1936年1月迁至爱多亚路(现延安东路)中汇大厦414号,同年2月22日又迁至四川中路企业大楼。

1936年2月26日,韬奋在《大众生活》之"和读者诸友暂别的终刊号"上发表暂行停刊的《韬奋紧要启示》中指出:"第一是我们深信本刊所以得到数十万同胞的赞助爱护,不是任何个人乃至任何少数人的力量,却在本刊的主张是许多爱国爱民族的同胞的心意的反映,所以本刊虽以迫于环境,暂时停顿,而抗敌救亡的运动却是必然地会持续开展发扬光大的。第二是我个人既是中华民族的一分子,共同努力救此垂危的民族是每个分子所应负起的责任,我决不消极,决不抛弃责任,虽千磨万折,历尽艰辛,还是要尽我的心力,和全国大众向着抗敌救亡的大目标继续迈进。"

由于韬奋软硬不吃,在金神父路安和新村(现瑞金二路198弄)8号杜重远家避了一个多月后,韬奋再度被迫离开上海,去了香港,这是他的第二次流亡。

二、义在国民的援助

正当日军在中国东北长驱直入的时候,驻守在黑龙江的东北边防军在马占山将军的率领下,同日本侵略军打起来了。马占山在通电中指出:"我有守土之责,当效命疆场,誓与寇敌拼命,决不生还。"这一震动人心的消息,使全国上下立刻沸腾起来。韬奋在《生活》周刊上介绍了马占山的生平,刊登了马占山的照片,又连续发表了《为民族争光的马将军》《我们何以尊崇马将军》等"小言论",对于马占山的抗日义举,给予热情支持。马占山是著名抗日爱国将领,被世人称作"抗日英雄"。1931年九一八事变后,马占山在齐齐哈尔就任黑龙江省政府代理主席兼军事总指挥,率领爱国官兵奋起抵抗日本侵略者,江桥抗战打响了抗日第一枪。马占山在七七事变后,重上抗日前线,坚持武装抗日。马占山曾经说过,只要"一口气尚在,决不将国土拱手让人,军队完了,到黑东荒练民团再干"。韬奋说:"这种只知有国家民族而置个人生死祸福成败于不顾的大无畏精神,倘能全国一致如此,谁能动我分毫?"

与此同时,《生活》周刊还发起组织了大规模的募捐活动,支援东北军马占山部队奋勇抗日的正义斗争。韬奋在为其筹款的启示中说:"马占山将军率其卫国健儿,奋勇抗敌,为民族死争一线生机,全国感泣,人心震奋,惟孤军远悬,有饷尽援绝之虞,调军奔援,责在政府,竭诚助饷,义在国民,本社特发起筹款援助。"

这个启示同时刊登在《申报》和《时事新报》上。这一爱国义举,顿时轰动全国。广大人民群众纷纷响应。除了邮汇捐款络绎不绝,许多热心读者还亲自前来交捐款,一时间,《生活》周刊社的门口被挤得水泄不通。人群中有一位挑着两筐菜的小贩,艰难地拨开人群,双手交给工作人员几张纸币,一改往日与顾客为了几个小钱争得面红耳赤的习惯,而是带着发自内心的笑容,爽快地将自己的辛苦钱捐出,转头又说了声谢谢,然后扭头又走了,忙着要把满筐的菜卖掉。人群里又挤出一位农民,他老实得像一头牛,纯朴得像庄稼地里的黑土地。只见他伸出长满茧子

韬奋号召读者捐款抗日,得到热烈响应

的手，打开一看，里边有一个已被汗水浸湿的银元，也许这是攒了好久的养老钱。可是为了抗战，全家人一致同意捐出去。这使人深深感动，永不能忘的深深的感动！一天，门口走来一位女子，她身着一套比较华贵的衣裳，一看就知道她出身于富贵人家，她来干什么？也是来捐款的？人们用一种无比钦佩的目光迎着她。她走到韬奋面前，用带着浓厚的广东口音说："这是我的，捐给抗战英雄！"她亲手交给韬奋，韬奋接过钱数了数，不觉大吃一惊，整整有 25 000 元。后来人们才知道，这是女子所得的遗产，全部捐了出来。这不仅体现了广大读者的爱国热诚，更说明了他们对于韬奋和《生活》周刊的信任。

《生活》周刊社的全体同仁都参与了这项工作，有的负责记录，有的负责收款，有的负责算账，忙得不可开交。为了尽快把账目算清，尽早把捐款汇给前线的战士，他们往往要工作到深夜。

截至 1932 年 1 月 4 日，捐款总数已达 120 020 元。经手这次捐款的《生活》周刊社，不但有细账，有收据，而且公布了捐款者的姓名（其先在《生活》周刊上公布，后来因为人数太多，特地印了《征信录》分寄各个捐户），收据也制版公布；账目由潘序伦会计师查核无误后，以证明书公布。由此可见，韬奋对于这项活动是尽职尽责的。

不知是谁第一个提出"有力出力，有钱出钱"，在社会上得到很大的反响。人们对抗日的热情，掀起一浪高过一浪的热浪，如献金运动，老百姓积极响应。韬奋在《献金与民众运动》一文中说，男童、小贩、洋车夫乃至有一个夏季还穿着一件长棉袍，连裤子都没得穿的乞丐，都奋然起来踊跃参加，这种诚挚而热烈的爱国情绪，随着抗战的进展而愈益加深，也使我们深深地感动。这是我国愈战愈强的另一个好证据。这件事，不可仅仅看作一种物质上的贡献，对于一般国民实有着很远大而深刻的教育的作用，启发人们的民族意识，激发民众参加救国工作的热情。

胡文虎是当时声名显赫的东亚首富，他曾说："爱国是我的天职。"抗日战争全面爆发后，他立即著文，称"国家兴亡，人各有责，际此全面抗战之时，有钱者出钱，有力者出力"。为支持抗战，他大散家财。除捐助大批药品，他还直接回国参加抢救伤兵工作。1938年4月，韬奋将胡文虎的捐款200万元，用于创设残废军人疗养院及阵亡将士遗孤教养院。韬奋撰文指出，"胡先生热心祖国，慨捐巨款，眼光远大，深可敬佩"。韬奋还说，"我们全国同胞目前最重要的任务是要各尽所能，从种种方面帮助政府加强抗战力量"。韬奋"希望随胡先生之后，还有无量数能尽'国民天职'的同胞闻风兴起"。同时，韬奋也表示，在宣传方面，还要加紧努力，使抗战将士壮烈牺牲的热血忠魂深入每个人的心坎。

抗日战争全面爆发以后，韬奋特别注意弘扬中国军民英勇抗敌的爱国主义精神。对于在抗日前线奋不顾身、英勇杀敌的我军将士，韬奋更是给予热烈歌颂。

八一三淞沪会战期间，我国"八百壮士"坚守闸北四行仓库，孤军奋战四昼夜，在国际上产生了较大影响。四行仓库指的是民间金融事业金城银行、盐业银行、中南银行和大陆银行4家银行的仓库，地处苏州河北岸。

日军为了急速占领上海,调配了大批军舰、坦克、飞机参战,增兵数师团。中国军队以一当十,和敌人展开殊死血战,但被切断退路,情况十分紧急。谢晋元奉命率领该团第一营留守闸北,掩护大部队转移。他们穿过猛烈的炮火,迅速转入四行仓库。说是"八百壮士",其实只有400人左右。他们进入四行仓库立即布防,抢筑工事,把北边的大门堵塞,同时打开某面的墙洞,穿过金城银行的东墙,再打穿东西墙,便可到达西藏路一家杂货铺。"八百壮士"英勇奋战,誓与阵地共存亡。

孤军奋战的消息一传开,各界人士纷纷前往慰问,道路为之堵塞,连房屋顶上都是人。慰劳孤军的食物、药品堆积如山,还有一些群众隔岸向孤军投掷物品,遥致敬意。

当时有一件轰动全市的事情,那就是女童子军杨惠敏携带国旗泅过苏州河,到四行仓库,向孤军献旗之事。此事有些误解。当时东南西北均有日军的重武器把守,不要说人,就是苍蝇也飞不进去。那杨惠敏是如何进入四行仓库的呢?

原来杨惠敏和记者曹原仁随谢晋元团长汽车,过了桥,从杂货铺后墙进入四行仓库。韬奋撰文指出,"这八百勇士的悲壮行为,震动了全世界,唤醒了民族魂,对中华民族的贡献诚然是非常伟大的","他们为国抗斗的精神,——虽处极艰苦的环境而仍然丝毫不馁的为国抗斗的精神","引起国际间无限的同情与后方民众的热烈的钦敬"。由此他得出了这样一个结论——"怯懦乞怜只能引起卑鄙的恶劣感觉,惟有英勇抗斗才能引起同情与钦敬"。

三、惊涛骇浪中的灯塔

1935年11月16日,在国外度过了两年多流亡生活的韬奋,回到上海不久就创办了《大众生活》周刊,举起了鲜明的抗日救国旗帜。韬奋在发刊词中明确指出:"力求民族解放的实现,封建残余的铲除,个人主义的克服,这三大目标——在汪洋大海怒涛骇浪中的我们的灯塔——是当前全国大众所要努力的重大使命;我们愿竭诚尽力,排除万难,从文化方面推动这个大运动的前进!"

由于韬奋一直坚持自己的办刊宗旨,紧贴时代的脉搏,《大众生活》周刊的内容始终和时代的潮流息息相关,为每一个爱国青年所爱护。它一创刊就受到读者的热烈欢迎,销量达到15万份,后来又增加到20万份,再次开创了中国杂志发行的新纪录。韬奋的文章在当时的国统区,如同黑暗中的明灯,照亮了民众抗日救亡的道路。正如周恩来所说,我们党的抗日救国和抗日民族统一战线政策,主要是通过韬奋主编的刊物传播到国民党统治区广大知识分子中去的。韬奋在国民党统治区知识分子中有着颇高的威望。

1937年8月13日,日本帝国主义开始对上海发动疯狂进攻,遭到中国军队的强烈反击,就此拉开了八一三淞沪抗战的序幕。在这硝烟弥漫的日子里,韬奋认为,为了及时反映这沸腾的时代,需要办一些小型报刊,如日报、周刊、三日刊等。刚从南京回到上海的韬奋全力以赴地投入了《抗战》三日刊的筹备工作。

《抗战》三日刊创刊号

他聘请胡愈之、金仲华、张仲实、柳湜、钱俊瑞、沈志远、胡绳、艾思奇等为撰稿人。

经过连续 5 昼夜的努力,《抗战》三日刊(这个刊物从当年 9 月 9 日起改名《抵抗》三日刊,12 月 23 日起恢复原名,并移往汉口出版,翌年 7 月 7 日和《全民》周刊合并,在汉口出版《全民抗战》三日刊,10 月 15 日移至重庆,改出五日刊,1939 年 5 月 13 日起改为周刊,1941 年 2 月底被国民党当局查禁)于 8 月 19 日以崭新的面貌在上海问世了,社址在肇嘉路(今复兴东路)75 号。这是韬奋主编的第 5 个报刊,也是他在上海主编的最后一个报刊。正如韬奋在应《立报》副刊《言林》的编辑谢六逸的邀请而撰写的《同道相知》中所说:"时间过得真快,我这后生小子,不自觉地干了 15 年的编辑。为着做了编辑,曾经亡命过;为着做了编辑,曾经坐过牢;为着做了编辑,始终不外是个穷光蛋,被靠我过活的家族埋怨得要命。但是我至今'乐此不疲',自愿'老死此乡'。"

韬奋在《抗战》创刊号上宣布:"在这民族抗战的紧急时期,本刊的任务,在一方面是要对直接间接和抗战有关的国内和国际的形势,作有系统的分析和报道,显现其重要意义和相互间的关系;在又一方面,是要反映大众在抗战期间的迫切要求,并贡献我们观察讨论所得的结果,以供国人的参考。"同时,他还出版 6 天 1 期的《抗战画报》。韬奋在这一时期的工作是相当紧张的。除了主编《抗战》三日刊,他还担任了《国民周刊》的评论委员会委员、编委,《救亡日报》的编委,并经常为《申报》《立报》《战时联合旬刊》《文化战线》等报刊撰稿。此外,韬奋还与茅盾共同宣传抗日救亡思想。1937年8月15日,韬奋在郑振铎那里见到了茅盾,就请茅盾"写不拿稿费的文章"。可能一些青年朋友还不知道茅盾读中学时的反叛行为。他在嘉兴府中学堂读书时新来了一位非常专横的学监,茅盾便在大考时把一只死老鼠送给那位学监,还在封套上题了几句《庄子》,结果可想而知。韬奋与茅盾的关系不是很密切,但是很友好。为了抗日,他俩战斗在一起。当时韬奋已确定要复刊的杂志名为《抗战》三日刊,同时还在帮忙筹办一张小型日报——《救亡日报》。韬奋对茅盾说:"上海的民间救亡团体这两天风起云涌地成立起来了,但是他们的活动没有统一的组织和领导,这样,他们很可能走入歧途,自生自灭,或者被官方利用接管了去。所以我们打算仿照原来的文化界救国会,成立上海市文化界救亡协会,把各方面的群众救亡团体和爱国力量都吸纳进来。这件事要马上办,我们已经把你的名字列在发起人名单上了,想来你是会同意的。《救亡日报》就是文化界救亡协会的机关报,社长是郭沫若,主编请夏衍来担任,你是编委之一。《抗战》三日刊仍由我来主编。这两份东西最迟一个星期就要出版。现在你们文艺界要出《呐喊》,正好三方面配合起来。"

茅盾当场表示,我们也要争取让《呐喊》在一个星期内创刊。《呐喊》最初取名《烽火》,创刊于1937年8月22日,编辑人茅盾,发行人巴金。它在1937年八一三淞沪抗战的烽火中诞生,与王统照编的《文学》、巴金和靳以编的《文季》、黎烈文编的《中流》、黄源编的《译文》都是战时联合刊物。《呐喊》创刊号上写明:"为我前方忠勇之将士,后方为愤之民众,奋其秃笔,呐喊助威,爰集群力,合组此小小刊物。"可惜的是,《呐喊》办了一年多后,就停办了。韬奋从整个国家和人民的利益出发,系统分析、报道和抗战有关的国内和国际形势,全面反映民众在抗战期间的迫切要求,竭诚宣传共产党的全民抗战主张,严厉抨击国民党的片面抗战政策。

在全面抗战开展以后,韬奋的思考特别集中于如何巩固持久战的基础问题,也可以说是如何巩固后方的问题。再具体点说,便是经济建设问题和民众组织问题。他认为,这两个问题如果没有得到适当而迅速的解决,巩固后方的问题,或巩固持久战的基础问题,便无从解决。所以他深切地感觉到这件事的重要性及严重性,希望全国同胞推动政府对这方面有积极的行动。因此,韬奋发表了《全面抗战开展以后》一文,论述了这两个问题的重要性,提出了解决问题的建议。最后,韬奋发出呼吁:"我们都切盼着抗战最后胜利的到来,但是勿忘巩固抗战的基础的努力。"

与此同时,韬奋还发表了《战争时期的文化工作》一文,明确指出:"在战争时期,除军事的前线工作外,经济方面的生产工作和文化方面的教育工作,也占着很重要的位置。"他在此文中所提到的文化工作有两大类:一是教育者。二是新闻记者(包括编辑人)。

韬奋同样强调:"战争时期的文化工作应以巩固抗战的基础,及保障抗战胜利为中心。"

《抗战》三日刊、《救亡日报》、《呐喊》周报等抗日救亡新报刊的出版,吸引了广大读者,人们竞相争购。然而不久这些报刊就遭到国民党当局的刁难,9月29日就发生了这些报纸被工部局扣留、报童被打的事件。后来茅盾回忆道:"我们奔到公共租界工部局去抗议,他们却拿出国民党上海新闻检查所的一纸公函道:我们是遵照上面开列的名单查禁的。当时我们几个人都气得七窍冒烟,原来国民党的允许民众进行抗日救亡活动是这样的假货!有人主张立即大张旗鼓地把国民党政府这一卑劣行径揭露出去,公之于世;也有人分析这可能是市政府的某些顽固分子在继续作祟,还是先向上面告状。最后决定采取先礼后兵的办法,由韬奋、愈之、振铎和我联名给国民党中央执行委员会宣传部部长邵力子发了一份电报,抗议此种破坏抗战有损政府声誉的做法,要求立即查办此事。电报是8月31日发出的,9月3日就从上海市社会局局长潘公展那里转来了邵力子(9月)1日的回电和2日的回信。电报说:'已电询新检所饬复,最好办法为速办登记。'回信则附了一份上海新闻检查所覆电的抄件,上面辩解道:这是一个'误会',他们没有以公文致捕房查禁《抗战》等报刊,他们只是送去了已登记已送检查的报刊名单,'通知捕房凡经登记及已送检查各报刊嘱其务必保障勿予摧残',而捕房却查禁了所开名单以外的报刊。这真是'此地无银三百两'的诡辩,而且十分卑鄙!明明是他们要捕房查禁刊物,却又把责任完全推到捕房身上。邵力子当然看出了他们耍的把戏,但在给我们的回信中仍旧只好说:'已得该所覆电,核阅所陈辩理尚无谬误',并再次要求我们'从速办登记,关于登记手续本部当特予通融从速也'。邵力子是我们的老朋友,他写这封信的苦衷我们也清楚,我们四个人研究后,决定让一步,遵照邵力子的意思,走个形式,到社会局补办登记手续。"

四、供应精神食粮

抗日战争爆发以后,全国的交通受到很大的影响,运输极为困难。同时,人员的流动性极大,书店不可能像和平时期一样开展大量的邮购业务。因此,生活书店决定在各省市重要的城镇建立分支店,并尽可能深入内地和邻近战区地带,以满足广大人民群众对于精神文化食粮的需求。1938—1939年,生活书店在全国建立了庞大的发行网:分支店及办事处达52个,临时营业处3个。此外,还有9个流动供应所。除了新疆、西藏、青海、宁夏,后方14个省都有了生活书店的发行据点。需要说明的是,生活书店发行据点分布之广,超过了其他同业。在抗战时期,尤其是在资金极为困难的情况下,能迅速建立起这样遍布全国的发行网,确实是出版界的一个奇迹。

1938年8月,为了整个工作上的便利和效率,生活书店在迁至重庆冉家巷16号后,决定将总店改为总管理处(以下简称"总处")。

总处的主要任务是"特别注意本店各部门整个计划的规划与全盘中各项工作的考核指导与调整。一方面尽量容纳各分店工作同志的合理的意见,一方面尽力帮助各分店工作同志解决困难问题","各分店负责同志,关系各分店范围的工作,对于总处负有报告的责任,对于总处的咨询负有回答及贡献意见的责任"。

1939年1月,韬奋为了使生活书店的业务效能有较大的进步,对业务方面的机构作了调整。总处分四部,即总务部、生产部、营业部及服务部。这四部都是根据当时的实际需要而设立的,总务部和营业部两部是原有的机构,比较新的是生产部和服务部两部,韬奋对此作了说明。

生产部包括编校科、图版科、印刷科及材料科。服务部是特设立的,这部门是完全尽义务的。

韬奋的理念,就是要实行民主制的管理。他认为:"真正的民主制,须尽量使整个机关里每一个分子都对于事业的管理起积极参加的作用,并不限于举出的若干代表。再具体点说,就是大家来参加管理,也就是要大家来想办法,要大家能想办法。"

韬奋提出,"想办法是我们最须练习的一件事"。他认为:"人的本领不是(天生)就会的,办法不是一出娘胎就会想的,还是要靠学习,脑子常常不用会渐渐滞缓起来,脑子常常用也会渐渐灵敏起来,我们如能常常注意要脑子对着当前的实际问题想办法,脑子也渐渐有更多的办法想出来,我们觉得,我们同人以后要彼此互勉,负责人对于同事也要特别注意鼓励。互勉和鼓励什么? 想办法!想办法!能够想办法的人越多,我们的问题越易解决,我们的事业也越易开展,我们这一群同志是为着事业而聚拢来的,所以我们必须是一群能够想办法的工作者。"

生活书店总店迁至武汉后,继续把出好各种期刊作为重要任务。除了原有的《抗战》《世界知识》《妇女生活》《战时教育》《新学识》《读书与出版》等刊物,还增出了《文艺阵地》《国民公论》,此时生活书店出版的刊物达到8种,内容包括时事、政治、国际、文艺、教育、妇女、学术理论、读书指导等多个方面。武汉撤退前，《新学识》与《读书与出版》停刊。总处迁重庆后，又增出了《读书月报》与《理论与现实》，并接受委托，总经销《文艺战线》双月刊。

抗战初期，全国各地广大读者急需进步读物。为了满足各层次读者的需要，生活书店将出版物的内容分为高级、中级、时事、通俗读物、工具书5类，并不断地增加品种数。1937年生活书店新出版的图书有150种，比1936年增加二分之一；1938年出版新书200余种，重版书近200种；1939年在国民党对进步出版事业的种种摧残与迫害下，经过艰苦的斗争，还是出版了240种图书。这是生活书店出版图书最多的3年。

当时，韬奋领导下的生活书店的编辑方针是：出版学术研究参考用书，但偏重救亡理论读物的出版；出版大众读物；出版战时读物。

"中国文化丛书"是在武汉出版的各种丛书中水平较高的一套。作者大都是中国共产党和八路军的高级干部。他们都是以马克思主义的观点论述了中国历史、中国革命和抗日民族统一战线的基本理论，介绍了中国共产党领导下的八路军的建军工作、政治工作的经验。其中包括洛甫的《中国革命史》、李富春的《抗日军队中的政治工作》、毛泽东的《抗日游击战争的战略问题》、何干之的《中国的社会经济结构》、艾思奇的《中国化的辩证法》等。

对于有关抗日军队的军事斗争和政治工作的书籍，生活书店特别重视，仅是介绍游击战争方面的读物就出版了10余种。其中较重要的是朱德的《抗日游击战争》、毛泽东的《抗日游击战争的一般问题》和《抗日游击战争的战略问题》、郭化若的《抗日游击战争的战术问题》等。毛泽东的《论持久战》和《论新阶段》都是以中国出版社的名义出版后大量印刷,在国统区各地的生活书店分支店广为发行,彻底批判了"亡国论"和"速胜论",从理论上、思想上武装了全国人民,对争取抗日战争的胜利起了巨大的动员作用和组织作用。

在这类书籍中,有一本书虽不属于丛刊,但极受读者欢迎,那就是署名廉臣的《随军西征记》,内容是记述作者在两万五千里长征中的亲身经历。后来才知道,廉臣就是当时陈云用的笔名。此书是陈云于遵义会议后写的,曾在共产党员吴玉章主编的《救国时报》(法国巴黎出版的中文报纸)上发表过。这是中国共产党的高级干部亲笔撰写的有关红军长征史实的极为珍贵的历史文献。

出版马列主义原著及其启蒙读物,宣传进步的思想文化,是生活书店的一贯方针。抗日战争全面爆发以前,在国民党当局的白色恐怖下,出版马列主义原著很困难,结合中国实际的高级理论读物也不多,只有一些以"青年自学丛书"为代表的初、中级的理论启蒙读物。抗日战争全面爆发以后,政治形势发生了变化,不仅读者有需要,作家、翻译家的积极性也大大提高,这就使有计划地出版马列主义原著中译本有了可能。1937年至1940年,生活书店先后出版了马克思与恩格斯的《共产党宣言》、马克思的《雇佣劳动与资本》、恩格斯的《反杜林论》、列宁的《国家与革命》、斯大林的《辩证唯物论与历史唯物论》等20余种马列主义原著。

生活书店除了陆续出版8种杂志、近千种书籍，还为一般民众编行了《战时读本》和《大众读物》。《战时读本》以深入浅出的写法，向一般民众灌输关于抗战建国的知识，印数达100余万册。《大众读物》为宣传抗战的通俗小册子，印数共达300余万册。这两种宣传抗战国策及建国伟业的通俗书籍，共计印数在500万册以上。这对于一个资力薄弱，全靠营业以维持自身生存的文化出版机关，可以说是已经尽了最大的努力了。

1939年5月，生活书店设立了读者顾问部，这是书店发展服务精神的一部分工作，在全国来说也是一种创举。

设立读者顾问部，出版"生活推荐书"是成功的。生活书店把编书、卖书和指导读书、推动读书运动结合起来了。可惜后来，这些活动因国民党政府的压迫而被迫中断。

抗日战争进入相持阶段以后，随着国民党政府的政策重点逐渐从对外转向对内，从比较积极的抗日转向消极抗日、积极反共，国民党统治区特务横行，进步书报横遭摧残，进步人士惨遭迫害。韬奋和他领导的进步文化事业更是首当其冲，他主编的刊物给国民党当局审查的文章，一次次被批上"免登""扣留"等字样，他创办的生活书店在国统区的各个分支店，一个个被查封，他自己的人身安全也受到了严重的威胁。

尽管韬奋在国民参政会第二次大会提出的"请撤销图书杂志原稿审查办法以充分反映舆论及保障出版自由案"，以绝对多数票获得了通过，但国民党当局仍然我行我素，顽固施行所谓的图书杂志原稿审查办法，规定所有文稿都要送重庆市图书杂志审查会审查。开始的时候，这些审查老爷们对于送审的文章,认为其中有不妥的句子应该修改的,只在句子旁边用红笔画上红条,叫你自己修改,后来他们毫不客气地拿起笔来替你修改,把你的原文用墨浓浓地涂得丝毫看不见,另外替你写上他们的高见,算是你的文章!对于不通过的稿子,开始的时候,除批示理由,原稿也附在一起发还,后来不通过的稿子不但应予免登,而且把原稿一概扣留。你要是不绝对服从,那你就要受苦了。

当重庆市图书杂志审查会(以下简称"审查会")刚刚成立的时候,韬奋曾经为了文章无故被判"应予免登"的事情,亲自跑到审查会交涉,要求审查老爷亲自出来讨论讨论,看谁的理由对,但是审查老爷总是"羞答答"地不肯露面,只叫一个秘书出来应付。那个秘书被辩得无话可说时,便一溜烟往里面跑,和审查老爷叽叽咕咕一番,然后重整旗鼓,再跑出来继续辩论。有好几次经过这样的辩论之后,韬奋总算得到胜利,把原来要被送入"棺材"的文章救了出来。后来这个秘书不再出来相见,换了一个完全蛮不讲理的所谓总干事。有一次,韬奋因为一篇稿子被无辜扣留而去讲理,对方摆出十足的官架子,放出十足的官腔,说了一大通的"老爷与老百姓不平等"的"大理论":"你和我讲理没有用!只有处于平等地位的彼此才可以讲理,我是主管机关,我说怎么办就要怎么办,你和我是不平等的,你不能和我讲理!"韬奋认为,"这样的坏蛋完全是高尔基所谓只有坟墓才能解决他的代表型的东西,当然是无理可讲",所以并没有和他计较,就"实行了战略上的自动撤退"。

在图书杂志原稿审查办法的实行过程中,出现了许多闻所未闻的事情,真是笑话百出。如欧阳山的小说《农民的智慧》里描写了一个地主出身的伪军司令,审查老爷把全篇中的"地主"二字,用墨浓浓地涂得一团漆黑!"前进""光明""黑暗""顽固"这些词都是犯忌的,都要被涂抹,都不许用!有的修改更是毫无道理,如"解放"二字一律改为"复兴",于是"民族解放"就成了"民族复兴","妇女解放"就成了"妇女复兴";"阶级"这个词一律不许用,只能以"社会集团"来代替,于是工人阶级只得改称"工人社会集团",农民阶级只得改称"农民社会集团",否则休想通过。

尽管在舆论界工作的人对反动当局的忌讳也在注意避免,免得绞尽脑汁写成的文章被送入"棺材",但是审查老爷们的忌讳往往出乎常理之外,不是正常人所能预料得到的。1941年2月,韬奋写了一篇社论,题为《舆论的力量》。文章说:"无论哪一个报,执笔写社论的主笔先生,只是个人,至多只是言论的若干位同人会议的结果,个人或少数人的言论何以可能发生伟大的力量呢?这绝对不在执笔的个人或少数人的自身,却在所发表的言论确是根据正确的事实和公平的判断,确能言人所欲言,言人所不敢言,真够得上舆论,才能发生舆论的伟大的力量。""所以舆论这个重要的——也可以说是神圣的——宝物,不是有钱办报,有笔写文,就可以夺取到手的;也不是强迫任何人拿起笔来写出你所要说的文章,印在纸上,送到读者的手里,就可以发生什么舆论效力的。有钱有势的人尽管可以压迫舆论,收买舆论,乃至摧残舆论,但这些手段只是做到表面上像煞有介事,在实际上丝毫收不到所希冀的舆论的效果,因为舆论这个宝物也是奇物,真正的理论有如真理,无论如何是压不下去的!"由此得到的结论是:"言论固然可以发生舆论的力量,但却不是一切言论都可以发生舆论的力量。只有根据正确的事实和公平判断的言论,才可能发生舆论力量。""我们要重视舆论的力量,我们更须知道舆论力量之所由来。"

该文全篇没有指任何特殊事实,都只就原则进行研究,但是送审时被审查会全文扣留。后来韬奋在香港撰写《抗战以来》谈到《舆论的力量》被扣时指出,"在'官吏至上'的铁的原则之下,在审查老爷'我说怎么办就要怎么办'的金科玉律之下","审查老爷毫无理由地把文章扣留,已成为毫无足奇的事","这是'官吏至上'主义者最喜发出的烟幕弹,我们真要改善中国政治的话,对于这种烟幕非把它揭开不可"。

50年后,中国韬奋基金会在编纂《韬奋全集》过程中,在南京中国第二历史档案馆中发现一组当年被扣留的韬奋的文章,使之重见天日,《舆论的力量》是其中一篇。

除了无理扣压稿件,令韬奋最为痛心的就是国民党当局对生活书店的横加摧

《抗战以来》书影

残。有一次,一位文艺家在成都车站上阅读《全民抗战》时,遭到一个宪兵的干涉,说是不可以看这本书。这位文艺家提出抗议:"后面明明印有'重庆市图书杂志审查会审查通过证'的字样,为什么不可以看?"这个宪兵居然说:"尽管审查通过,仍不可以看!"还有一件事就更离奇了。一位对算学深有研究的老先生,在由重庆赴桂林途中带了一本生活书店出版的《珠算速记法》。路上一个特务检查时问他为什么要看这本书。老先生诚恳地对他说自己只是对算学研究特别感兴趣。特务怒目斥责他说:"不管你对研究算学有多少兴趣,生活书店出版的书是不可以看的。"生活书店是在政府注册的合法的出版机关,这本书是经过审查会审查的,一看书名就知道内容不会含有任何政治性内容。可见,国民党当局对于进步文化事业的违法摧残已经达到了极点。

但是,对于生活书店的这种丧心病狂的摧残并没有使国民党顽固派感到满足。当时《全民抗战》每期发行数万份,宪兵再多,也不可能跟随每个读者进行违法的恫吓。生活书店所出版的书籍更是汗牛充栋,不可胜数,即使就算学一门而论,特务虽狠,亦不可能跟随每一位算学研究者而加以无理干涉。于是国民党顽固派决定采用更残酷的手段——封店捕人,先将生活书店的各处分店尽数铲除干净,企图由此完全毁灭这一部分他们所认为"其势力可怕",望着发抖的进步文化事业。在国民党五届五中全会上,有人竟然公开宣称:"生活书店的书籍,虽在乡村僻壤,随处可见,可谓无孔不入,其势力实在可怕,而本党的文化事业却等于零,不能和他竞争,所以非根本消灭它不可!"

热爱人民
邹韬奋的为民情怀

全民抗戰

第一號 二十七年七月七日
三日刊
編輯 韜奮 柳湜

全民抗戰的使命

本社同人

全面全民族抗戰已經一週年了在此偉大的抗戰一週年紀念日，抗戰三日刊及全民週刊為了充實力量，對抗戰作更大的貢獻起見，已聯合的陣容，對全國同胞相見，全人實感覺無限的感奮及欣幸。

『抗戰』『全民』都是誕生於為爭取民族生存獨立的偉大的戰鬥中，『抗戰』是於滬戰揭幕後在上海創刊的，『全民』是於第二期抗戰開始後在漢口創刊的，兩刊的以極大的熱情固守文化的崗位作為一個鼓勵前進的小小號兵，以號召全民族的兒女支持抗戰，參加抗戰為自己特殊的職責，兩刊以來，我們盡自己的努力並得全國讀者的愛護與作家的合作使我們這兩枝號角的聲音，一天天擴大，一天天變得更加宏亮，『抗戰』『全民』曾分佈達各省前線以及海外它們在這一年光榮的民族鬥爭中曾盡了一些棉力。

然而民族解放大然潮方在增張中，全面全民族的抗戰當前正進入第三時期壯烈殘酷的戰鬥正展開在我們的而前，鼓動全中國廣大的民眾支持前線爭的參加到前線中來，更是迫切的任務因此輿論在這時期的作用更增大了重要性，我們自己亦感到我們身上的責任在一天天加重。

因此，我們感到我們這兩枝號角的聲音還不夠宏亮，我們力量還不夠雄大為了配合新的抗戰形勢集中人力物力的原則，我們深盼兩個抗戰的單位應該併成一個因此，我們達於這個偉大的抗戰社發刊全民抗戰週年紀念之際，將兩個刊物實行合併合組全民抗戰社，發刊全民抗戰三日刊，我們決定在集中雙方的力量，發揮雙方的特點，補足雙方過去的不足。

我們的信念與認識，在『抗戰』『全民』已已有明確的表現，當前無須多說至於本刊在抗戰建國總的任務下當前實踐的任務，我們認為有兩面：一是鞏固全國團結提高民眾意識灌輸抗戰知識傳達解釋政府的政策，剖析國內政治軍事經濟以及國際之情勢為教育宜傳方面的任務。

另一是以使政府經常聽到人民的聲音民間的疾苦動員輿論行政的優劣使政府在領導抗戰實施廉政上得到一種參考我們政治上的任務。

關於本刊內容是日報與雜誌略為提及的。本刊在性質上原為本刊工作內容重性要以三日刊與雜誌的有需要略為提及的具有兩重性；三日刊與雜誌同為新聞性和雜誌的二種特點，本刊今後在時事方面力求保持新聞趣味但以系統的供給新聞為限而在其他方面我們却要發揮雜誌本身的特點至於本刊的形式，編得爽我們以後最可以不必設立。

具有本刊工作全人今後對於一切工作均想做到切實的，不敢誇大的表現本刊的言論也想漸漸做到幫是集體的討論的結果因此，我們希望社會各方面的人士及全國讀者經常對本刊提出批評建議報告通訊便『全民抗戰』能為真正代表全國人民的公意與民意宣傳最有力的工具。

最後我們以極大的熱情擁護這『全民抗戰』這紀念抗戰建國的開發中的國民參政會希望我們以極大的集會完成我們熱烈期盼的工作用『全民抗戰』來紀念偉大的七七紀念日。

《全民抗战》

1939年3月,生活书店浙江天目山临时营业处首当其冲,店被封闭,职员被强迫押送出境,店内所有公私财产都被封存。紧接着的是生活书店西安分店,不但店被封,经理被捕,全体职员被驱逐,而且所有财产包括现款都被抢劫一空。此后,陕西南郑、甘肃天水、湖南沅陵、浙江金华、江西吉安、江西赣州、湖北宜昌、浙江丽水、安徽屯溪、广东曲江、福建南平、江西临川、湖南衡阳、安徽立煌等生活书店的分支店都遭受同样的迫害。在短短的15个月里,生活书店经过16年的艰苦经营所建立的布满各地的55个分支店,除5处系因战局关系而撤退者外,其余被摧残而毁灭者有40余处。至1940年6月,生活书店只剩下6个分店了。生活书店陷入了最艰危的时期。

为着申雪生活书店的冤抑,为着保全这16年来无数作家与全体同仁所惨淡经营、费了无量血汗所造成的文化机关,韬奋"奔走呼吁,尽忠竭智,不敢片刻松懈"。他认为:"我们的事业有着光明的前途,我们没有什么不可告人的秘密,我们都是以光明磊落的态度共同努力于国家民族的文化事业,国家民族有光明的前途,我们这群艰苦奋斗的文化工作者——为国家民族的福利而艰苦奋斗的文化工作者——也必然有光明的前途,我们不怕磨难,只怕自己没有勇气,没有毅力!"

生活书店被摧残的初期,韬奋尚以为是国民党地方党部的胡闹,因此每次都把无故被摧残的事实,前往国民党中宣部面告部长叶楚伧和副部长潘公展,请求他们主持公道,其实并没有起任何作用。

与此同时,韬奋也听到了从国民党中央党部传出的消息,说国民党中央党部已决定先封闭生活书店的各个分店,然后再封闭重庆总店。于是韬奋不再请求也不再盼望国民党中央党部"命令有关的地方党部查明具报",而是根据"服从法令,接受纠正"的原则,向国民党中宣部作整个原则的交涉,请求加强原则上的领导。但叶、潘二人表示,国民党中央党部对于原则上的领导还不能放心,要生活书店和正中书局及独立出版社联合,在三机关上组织一个总管理处,或成立一个董事会,主持一切,并可增加经费,仍由韬奋主持。这样一则可使国民党中央党部放心,二则可由竞争而增加效率,三则可免各地方当局对生活书店为难,得到依法保障的保证等利益。韬奋当场明确表示:"这种办法很不妥当,因为此类组织在事实上等于合并,民办商业机关必须与党办机关合并,在法令上并无根据可言,且此种合并与所提种种利益,都无因果关系。"

交涉期间,各地分店仍有人被捕,每隔几日即有一个分店的"报丧"电报呈现在韬奋的眼前。尤使他哀痛欲绝的是,艰苦忠贞于进步文化事业的青年干部一个又一个地被拘捕。他愤然向国民党中宣部负责人提出抗议:"我是本店总负责人,如本店有犯罪证据,应该捕我,绝不卸责,何必摧残许多无辜青年呢?"他还到处奔走,请求国民党中一些"贤明"的前辈援助。他反复声明:"我绝对不是仅仅为着一个'生活书店'的被摧残而作抗议,虽则这个文化堡垒本身上有它应该存在的价值。我们知道'生活'的被无理摧残只是许多被摧残的文化堡垒中的一个,只是人民的民主权利被摧残的许多象征中的一个,只是政治逆流中许多象征中的一个,只是在文化上开倒车的许多象征中的一个。

我所以不惮烦地报告'许多象征中的一个',是希望由此可以唤起国人对于整个政治改革的注意与努力,而不是拘拘于一个事业机关本身的得失。"

但是,抗议也好、奔走也好,都没有发生丝毫效力,所余的分店继续不断地被摧残着。

天下任何事业都是有困难的,事业愈大,困难也愈多,因为事业愈大,内容愈复杂,所以要应付的问题也愈多。韬奋认为:"看见困难而惧怕而退却而消极的人,便不配参加任何事业!尤其不配参加有益社会的任何伟大的事业!"他要求生活书店的员工要自觉培养"一种不怕困难的精神","这种精神的有无,小的方面关系他个人的成败,大的方面关系他所参加的团体事业的成败"。"这种不怕困难的精神,在艰苦抗战的时期中尤其重要,因为整个国家民族正在艰苦奋斗争取独立生存的过程中,在这里面占着一部分地位的事业,所可能遭受到的困难比平时更多,如果看见困难只是惧怕、退却、消极,那就非绝对失败不可。"他还认为:"所谓不怕困难,当然不是说我们要无视困难,却是说我们要发现困难,发现后还要克服困难。"韬奋和生活书店的广大员工正是在这样的思想指导下努力工作,即使在如此无法无天的情况下,《全民抗战》在内地的周刊中,销量仍居第一。

1941年1月皖南事变前后,国民党顽固派不仅对共产党实行军事进攻和政治压迫,也对各民主党派和民主人士实行高压政策,从而加紧了对进步文化事业的摧残。

暴风雨似的摧残来势越来越凶!生活书店贵阳分店在2月20日深夜也被封闭,全体职工无故被捕。由于邮电均被封锁,

热爱人民
邹韬奋的为民情怀

直到2月23日接到了贵阳的一个热心读者出于义愤而自发送来的告急信,韬奋才得知此事的经过。他愤怒得目瞪口呆,眠食俱废!当天傍晚,他决定辞去国民参政员的职务,不出席即将召开的第二届国民参政会,离开重庆到香港去从事民主运动和进步文化工作。他认为:"在这种地狱似的凄惨环境中,再粉饰场面实在是莫大的罪恶!"他匆匆跑到良庄沈钧儒家里,气愤地对沈钧儒说:"这是什么景象!一点不要理由,就是这样干完了我的书店!我无法保障它,还能保障什么!我决意走了!"沈钧儒听了好久,想不出一句可以劝慰和挽留的话来,只说了一个字:"好。"后来韬奋在回忆此事时说:"我的动机绝对不是出于什么泄愤的观念。我十分痛心于违法背理的现象,愿以光明磊落的辞职行动,唤起国人对于政治改革的深刻注意与推进。就这一

1940年冬,韬奋离开重庆前夕与家人合影

点说，我的辞职和出走，不是消极而仍是积极的。"

为了迷惑特务，便于出走，24日上午，韬奋还是照常到国民参政会报到，领了一张冠冕堂皇的聘请状和一个新制的参政员徽章，抽签抽到了一个20号的议席，还被一位国民党中央通讯社的特派摄影师拍了一张半身照片。午饭以后，他又去参加了在野各抗日党派的会议，在一封联名写给蒋介石的信上签了名。韬奋回到衡舍的家里已是万家灯火。

晚上，韬奋拟就了一个辞去国民参政员的电稿和一封给在野各抗日党派领袖们的信，说明了他为什么要在这个时候离开重庆，以免引起不必要的误会。他在辞职电稿中说："本会上届

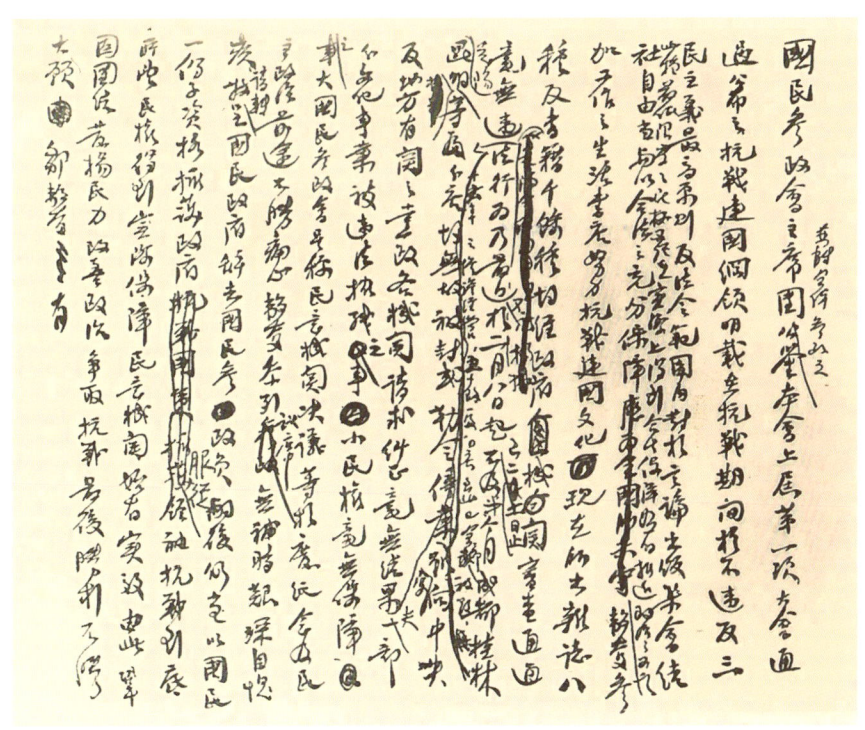

韬奋辞去国民参政员一职辞呈

第一次大会通过公布之抗战建国纲领,明载在抗战期间于不违反三民主义最高原则及法令范围内,对于言论出版集会结社自由,当予以合法之充分保障。此种最低限度之民权,必须在实际上得到合法保障,始有推进政治之可言。韬奋参加工作之生活书店,努力抗战建国文化,现在所出杂志八种及书籍千余种,均经政府机关审查通过,毫无违法行为。乃最近又于2月8日起至21日止,不及半个月,成都、桂林、贵阳、昆明等处分店,均无故被封,或勒令停业,十六年之惨淡经营,五十余处分店至此已全部被毁,虽屡向中央及地方有关之党政各机关请求纠正,毫无结果。夫一部分文化事业被违法摧残之事小,民权毫无保障之事大。国民参政会号称民意机关,决议等于废纸。念及民主政治前途,不胜痛心。韬奋忝列议席,无补时艰,深自愧疚。敬请转呈国民政府,辞去国民参政员,嗣后仍当以国民一分子资格,拥护政府,服从领袖,抗战到底,所望民权得到实际保障,民意机关始有实效,由此巩固团结,发扬民力,改善政治,争取抗战最后胜利,不胜大愿。"

一切准备就绪后,韬奋匆匆前往良庄,向德高望重的爱国老人沈钧儒告别,并托他转交刚写好的电文和信件。接着,韬奋来到犹庄史良住处,讲了几分钟的话就离开了。随后,韬奋又特意到张家花园黄炎培寓所辞行,两位忧国忧民的爱国者大哭握别。此后,他们再也没有见过面。

2月25日凌晨4点,韬奋离开了重庆,离开了"这种地狱似的凄惨环境",开始了他的第四次流亡。后来沈钧儒在《悲痛的回忆》一文中,充满深情地描述了他给韬奋送行时的情景:"天没有亮我就赶出门,马路上还笼罩着雾气,到衡舍,你和夫人已立在门首。就在这一刹那间,看你一步步上坡上桥,最后的影子终于在雾气中消失看不见了,才别你夫人移步回家。哪晓得这一刻正就是我和你人天分手的时期呢？唉！"

清晨,韬奋渡过长江,来到了重庆南岸龙门浩的汽车站。他一改平时一身西服的打扮,穿上了一件保存多年的古铜色的呢袍,头上戴了一顶黑色的呢帽,一副商人的模样；身上带了一份由沈钧儒的侄子搞到的重庆某汽车公司顾问的身份证明书。他乘坐的是福建省政府的长途汽车,是生活书店的一个同事托关系买的票。一个前来给他送行的生活书店的同事,先替他把箱子送上汽车。等到乘客都上车且将要出发时,韬奋才走了上去。

上车以后,韬奋看到胡绳就坐在边上,心里就稍稍安定了下来。为了避免别人的注意,他们只能以"陌生人"对待。一位福建省政府的参议对韬奋特别注意,先是询问他的姓名和工作。韬奋按照证件上所写的答复了这位参议。没想到这位参议又接着问:"贵公司有多少车辆？""现在汽油的行情怎样？"韬奋急中生智,说自己是个技术顾问,业务上的事情从不过问。后来,这位参议又特意问胡绳,那个人是不是韬奋,胡绳装着听不懂,才支支吾吾地应付了过去。后来,汽车在一个车站休息,乘客们都下车散步。忽然有一个青年急步走到韬奋面前问道:"你是韬奋先生吧？"韬奋吃了一惊,连忙说:"你认错了,你认错了。"这个青年迟疑了一下,失望地走开了。

车子到达衡阳以后,韬奋和胡绳分开了,独自一人乘上了到桂林去的夜班车。在车上巧遇一个在生活书店工作过的青年,韬奋一时喜形于色。3月4日到了桂林以后,韬奋在这位青年的陪同下,寻访了当地救国会的负责人陈此生,并详细了解了一些关于生活书店桂林分店横遭摧残的情况。夏衍在回忆起当年在桂林见到韬奋的情景时说:"我记得很清楚,皖南事变之后,他满怀悲愤离开重庆,单身到了桂林,我在一位朋友的寄庐会见了他,谈到蒋介石,我第一次看到这位温良敦厚的君子的盛怒。他提高了声音,把沿途所写的一束原稿紧紧地捏在手里,急促地说:'我还有嘴,还有笔,我一定要让前方和后方的中国人知道,这是怎样可耻可鄙的一个阴谋!'"由于中途不宜久留,韬奋在到达桂林的第二天下午就乘飞机去香港。事后听说,蒋介石在3月4日获悉韬奋已经离开重庆去桂林的消息后,特命国民参政会秘书长王世杰急电桂林探询韬奋的踪迹,并叮嘱"坚决挽留"。电报到达桂林时,韬奋已在2小时前飞往香港了。

在韬奋出走四五天以后的一天,两个不速之客来到了韬奋的家里,一进门就毫无礼貌地直往屋子里冲。沈粹缜连忙问:"你们找谁?有什么事情?"他们说:"我们知道邹韬奋先生已离开重庆,是往什么地方去了?有没有信寄回家来?"他们边说边向屋里溜来溜去,像是要搜索什么东西。沈粹缜镇定地回答说:"他走后没有来信。他这次是激于气愤离开重庆的,并无一定的目的地,我也不知道他将漂流到什么地方去。"

过了几天,重庆卫戍区稽查处处长手持名片闯了进来。他讲一口苏州话,自称是韬奋的朋友,和沈粹缜攀谈起来。他说:"我们是同乡。你不必紧张,我们好好谈谈。我们听说邹韬奋先生已经到了桂林,住在什么地方?桂林有哪些朋友?最高当局是一定要把他请回重庆来的。"沈粹缜仍然一口回绝他："我没有接得他的任何消息。我没有办法答复你的这些问题。"这个稽查处处长见沈粹缜软硬不吃，只好悻悻而去。

沈粹缜被特务纠缠得不胜其烦，就决定离开重庆。她先是把准备带走的行李衣物，以及韬奋的一些必须保存的资料，分批转移到生活书店总管理处。然后，在一次空袭警报的时候，沈粹缜带着三个孩子进了防空洞。警报解除后，他们就前往事先约定的地点，在生活书店的一个同事的陪同下离开了重庆，经桂林、柳州、玉林，在广州乘船到了香港。

五、在东江纵队的掩护下

1941年12月8日,日军入侵香港。香港沦陷后,日军大肆搜捕爱国文化人士。中共中央、周恩来先后两次致电八路军驻香港办事处负责人廖承志,要他迅速做好应变准备,将爱国的文化名人抢救出来。1941年12月,根据中共中央和周恩来的指示,廖承志召集紧急会议,讨论了爱国民主人士的疏散问题。经过廖承志、连贯、刘少文、夏衍等同志的周密安排,会议决定,立即派人和广东人民抗日游击队东江纵队(以下简称"东江纵队")联系,要曾生尽快派一支突击队到九龙来协助疏散。

香港沦陷后,香港地下党组织经过周密的考虑,为韬奋选定了一条比较安全的转移路线:偷渡到九龙,步行到广东惠阳,再转往内地。这条路虽然需要步行,比较辛苦,但大批中国居民的疏散都是走这条路的,混在他们中间不易暴露,而且途中经过东江游击区,有人护送。那时,韬奋的子女都还年幼,经不起艰苦的长途跋涉,因此决定让韬奋先行,沈粹缜和孩子们暂留香港,待时局缓和再走。

1942年1月9日下午,在廖承志的安排下,韬奋身穿奶油色法兰绒唐装,把眼镜放在包裹里,携带着替换衣服和应用物件,跟着地下党派来的领路人走出了贫民窟。他们走过铜锣湾,穿过一条小街，就来到了海边。这时，天色已近黄昏。领路人雇了一只小木船，缓慢地摇到离海岸较远的一只大木船边。韬奋在领路人的搀扶下上了大船。他走进船舱一看，茅盾、胡绳……许多老朋友都在这儿。韬奋很高兴地指着自己的大裤管问茅盾："看得出么？一枝自来水笔，一只手表，在这边；那边是钞票，都是粹缜缝的。"韬奋看见茅盾夫人孔德沚也来了，不胜惊异，连声说："沈太太，你真勇敢！"接着他又想到自己的夫人和孩子们，低声说："他们还是随后再走吧，孩子恐怕吃不消；我都听从朋友们的意见，对于这件事，我一无经验。"茅盾夫妇连忙安慰他说："如果我们带着孩子，大概也要分两次走的。"

第二天上船后，韬奋、茅盾等人在领路人的带领下，在九龙的一个停了业的铺子住了一夜。11日清晨6点刚一解严，他们就离开了市区，混在难民的人流里，走上了直通元朗的青山道。过了荃湾以后，韬奋等人为了躲避敌伪的检查，只好走一条必须经过"绿林好汉"管辖地界的山路。好在东江纵队司令员曾生已经派人向他们打了招呼，所以韬奋等人不仅没有遇到麻烦，反而受到了他们的盛情款待。

文学作品中有《真假美猴王》《真假胡彪》《真假公主》的故事，抗日战争时期，在东江游击区发生过一个真假韬奋的真实故事。

第一批撤离的有韬奋、茅盾、于伶、叶以群、戈宝权、胡绳、吴全衡、恽逸群、黎澍、胡仲持、殷国秀、叶籁士等。离港这天，他们都改穿广东式的工人、农民服装，交通站的同志特地去买了灰的、蓝的、黑的布，做成几个大包袱，让他们打扮得更像难民。韬奋第一个背起包袱学难民走路,一些小同志也学样。韬奋抬眼看见站在一旁的于伶,就说:"哎,你来当难民导演,排一出难民逃难戏剧。"一席话说得大伙都笑了,笑声中,大伙真的背起包袱练习走路,还互相纠正动作。

1月11日清晨,韬奋等人夹在难民队伍里,离开市区,走上公路,又踏上山间小路。走到一座大山口,有两个持枪的人把守着,向导忙上前打招呼,又是交谈,又是作手势,完了,大声说:"多谢江大哥!"大伙以为游击区到了,都非常兴奋。有人提议:请韬公演讲,代表大家感谢游击区。向导一听急了,对站在身边的于伶耳语道:"这儿是土匪区,他们是绿林好汉。"

于伶听了一愣,再看看韬奋,他正喝完水,拉拉衣服,清清嗓子,准备演讲。说时迟,那时快,于伶一个箭步跨上前,顺手拿起一碗水,递给韬奋。在别人看来,只以为于伶是在给韬奋喝水,谁知于伶说了一句至关重要的话:"不是的,就说谢谢吧。"心有灵犀一点通,韬奋立刻会意,接过碗,喝了口水后,大声说:"感谢江大哥!"还鞠了一躬,又说了一句:"谢谢!"

向导那颗提到嗓子眼的心,总算又落回了胸膛,他指挥大家整理好,重新上路。

转眼到了掌灯时分,天色渐暗,进入人称王大哥的"绿林好汉"的领地。王大哥在当地很有势力,国民党和日本人都不敢招惹他。这次为了营救大批被困在港九的同志,东江游击队对王大哥做了工作。王大哥答应帮忙,接待过"境"。

队伍到的第二天,大家正在闲聊,王大哥来了,只见他身穿崭新的皮夹克,腰插左轮手枪,枪把子上飘着红绸带,看上去文质彬彬的。他热情地和大家点头打招呼。忽然,他的目光停在了于伶的身上,向于伶连连招手,并做了个请的手势。于伶不明白他要干什么,迟疑了一下,还是上前跟他走进了一间布置得很精致的厢房,于伶猜想这是王大哥的指挥部。

一进屋,王大哥就忙不迭地请坐、倒茶、敬烟,嘴里是一口一声"邹韬奋先生",还连说"久仰,久仰！幸会,幸会！"等客气话,弄得于伶丈二和尚摸不着头脑。等到王大哥又吐出一串话来后,于伶才明白他把自己当成了韬奋。王大哥说他如何爱看邹先生编的刊物、写的文章,赞成邹先生的主张,钦佩邹先生的为人,今天见面,真是三生有幸。

于伶似乎在专心听王大哥讲话,其实脑子里像炸开了锅似的。承认吧,自己是冒名顶替;否认吧,也不行。古人云:聪明难,糊涂更难。得,该糊涂时且糊涂。正当于伶费尽心机在和王大哥打糊涂仗时,救星来了。是谁？ 就是那向导。

话说向导见王大哥把于伶带进屋后,久久不出来,怕他发生意外,悄悄地跑到门外,听隔壁戏。这时,他及时冲进屋里嚷道:"出发,上路,走！"这5个字解了于伶的围。于伶感激地朝向导点点头,飞快地跑出屋去,长长地吐了口气。

于伶心想：韬公为抗议反动派发动皖南事变,封闭各地生活书店等种种罪行,愤而毅然辞去国民参政会的参政员,从重庆秘密出走,反动派密令各地特务机关严密监视和搜索逮捕,而且悬赏重金,在任何情况下捉到他时,"就地惩办,格杀勿论"。而我现在面对的这位占山为王的大哥,听他方才说的对韬公的心意倒像是真的。可是政治分野难测,如果万一他手下有人把韬公扣留,献给国民党广东省政府,或者交给日本军方,那将不堪设想!如果我坚决否认,那么真的韬奋就在厢房外面大厅内的三四十个难民群里。于伶只能硬着头皮,既不否认,也不完全承受对方的尊敬,只是滑稽地用半吊子广东话跟他周旋,支支吾吾,所应非所问,忽而又讲国语,让他听不全懂,时而穿插着恭敬地回敬他香烟等动作。走到大宅院前,韬奋正在等待集合的人群,边跟小殷、小高等欣赏篱笆上开得正旺盛的红色黄色炮仗花呢。于伶有意奔到队伍前面,回头对跟来送行的王大哥挥手告别。

经过4天的艰苦跋涉,韬奋等人终于到达东江人民抗日游击队领导机关所在地——宝安县白石龙村。再说韬奋一行人经过千辛万苦,终于胜利到达东江游击区。有一天,于伶发现有位战士很面熟,一时却想不起来在哪儿见过。不料那战士一看到于伶就点头打招呼。于伶再仔细一想,啊,那人不就是王大哥吗?一打听,才知道王大哥原是个爱国抗日青年,这次因为大规模营救港九人员,在敌伪顽三方面联合围攻下,他的队伍伤亡很大,游击队就把他接了来。

于伶听了激动不已,拉着韬奋,对王大哥说:"这才是你和我同样尊敬的邹韬奋先生,当时是因为……"王大哥不等于伶解释,早已一步上前,不好意思地握住韬奋的手,不知说什么好。还是韬奋先开了口:"谢谢你一路上对我们的关心和爱护。这位于同志已经对我讲了,你对他说的这些,对于我的心意,我实在愧不敢当。"

白石龙村只有20余户人家,位于广九铁路布吉车站和深圳镇西侧20里处。村东有座鸡公头山,村西偏北有座阳台山,均高达四五百米,相环其间。村南是连绵40余里的大山,犹如一道屏障。山南是敌占区,在山坳顶有敌哨所,坳下横贯宝(安)深(圳)线公路,沿路村镇都驻有日军。

东江纵队司令员曾生、政委林平热情地接待了韬奋等文化界人士。他们在司令部的小楼举行了欢迎宴会,转达了党中央和周恩来同志关于抢救工作的指示,介绍了东江纵队从无到有、从小到大的战斗历程。韬奋等人听了都很兴奋,也畅谈了自己的脱险经过和感受。韬奋说:"我们这支文化游击队,是在东江人民抗日游击队的卫护下,由香港转移阵地回来的。没有人民的枪杆子,就没有人民的笔杆子。打倒法西斯必须有人民的枪杆子,也必须有人民的笔杆子。一定要把笔杆子和枪杆子结合起来。"游击队真是人民的军队,凡是人民的力量,我们就要拥护它,扩大它,扩大到无数倍。游击队的武器是枪,可以打日本侵略军,文化人也有武器,就是一支笔,一张口,无论到什么地方去,无论在什么时候,就用笔写用口讲,永远地不停地写和讲,替人民的军队宣传。为了表示对东江纵队的敬意,韬奋于1942年1月20日给曾生写下了"保卫祖国,为民先锋"八个大字。他在题词的跋里写道:"曾生大队长,以文士奋起,领导爱国青年组织游击队,保卫祖国,驻军东江。韬从文化游击队自港转移阵地,承蒙卫护,不胜感奋!敬书此奉赠,借志谢枕。"

为了解决韬奋等人的住宿问题,当地民兵用了一天时间,在山窝外一条山涧旁搭起了两个住寮。里面有用竹片编架成的大通铺,铺上稻草。门口挂条布单作门帘,以挡风寒。韬奋和茅盾

热爱人民
邹韬奋的为民情怀

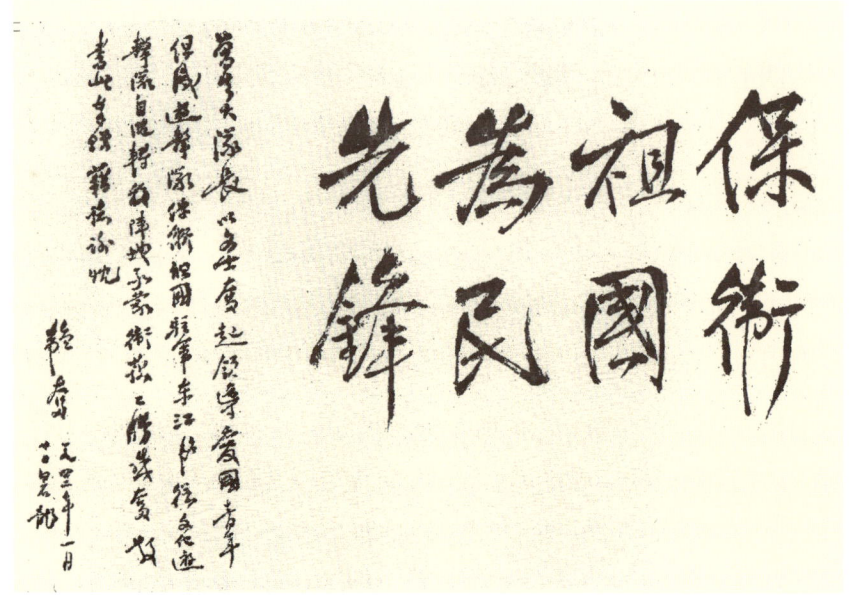

1942 年 1 月韬奋题词

都住了进去。军需处还为他们准备了一批棉衣和军毯。韬奋领了一件棉袄,早晚凉时披着。他们和东江纵队战士一样到山涧洗漱、洗衣服。有人抢着要帮韬奋洗衣服,韬奋总是坚决拒绝,还比别人洗得快。一日两餐的大锅饭和开水,是在村里做好送去的。韬奋把烤番薯当作最好的午点,把红片糖称为土制巧克力,吃得津津有味。每当招待员问他需要什么的时候,他总是婉辞推却。他说:"我们已经给部队增加了负累,不应再有特殊的待遇。"由于时局紧张,为了安全,韬奋在东江游击区的时间里,曾搬迁过好几个地方。每有突然情况,就得紧急转移。他们在黑夜里摸索,大雨中滑行,或钻进茂密的山林,或穿越刺人的菠萝地。这对从无战斗行军经验的青壮年来说也是很困难的。但韬奋却仍然精神饱满,行动敏捷。行军中,他经常提醒、照顾别人,有时还说一两句幽默话来鼓励大家。每到一个新的驻地,他总是关心地询问有没有受伤的,晚上还要争着站岗放哨,说自己要补上战士生活课,学习行军,练成一个戎马书生。在这样艰苦的环境里,韬奋始终非常乐观。一位东江纵队的战士后来回忆道:"韬奋先生生活是那么严肃但又是那么年轻活泼的。在和《东江民报》的同志住在同一山坑的期间,每天晚饭后,就有许多人围着他,要他讲故事,讲世界珍闻。韬奋先生没有架子,什么人请他讲,他都不会使你失望。他告诉我们那些在《抗战以来》中不便写出和未写出的官场秘密和趣闻,而且又是那么幽默地讲着,经常引发大家发笑。韬奋先生不单健谈,而且可以说是'多才多艺'。在一次和脱险文化人联欢的晚会上,我们请他来表演节目,当时他要求入寮5分钟,保证不会躲赖。等到重新出来的时候,不知是谁首先远远看见了,大家就连正在进行的节目也丢下不看,站起身来欢迎那位久违了的查利·卓别林。原来他事先已借好了一枝手杖、一顶高毡帽,又从一个戏剧家那里借来一个假胡须;化装之后,才施施然地从山寮走出旷场,大大地表演了一番查利式的舞蹈。这一出人意料的精彩节目,不仅在化装上十分逼真,而且举止动作都非常娴熟,引得大家笑痛了肚皮。"

有一天据说是韬奋的生日。尽管韬奋一再否认,大家还是要给他庆祝。在星光灿烂的晚上,大家围坐在农田里,每人各举一碗又辣又甜的姜汤代酒,祝他健康长寿。韬奋感谢大家的盛情,激动地说:"过生日是假的,我不承认,但我理解大家的心意是借题发挥,欢叙谈心,我本人也正好反省一番。有人说这姜汤是土咖啡,我只觉得它甜太多,辣有余,而苦味不够。我邹韬奋是一个平凡的人,人生四十七,只想在苦的辣的酸的时代里干一点苦事业。后来偶然的机会,认识了潘汉年,我眼睛一亮。由于他,我跟胡愈之、鲁迅、宋庆龄、沈衡老等人多了来往,初步认识到要辣!再后来,跟周恩来、董必老、王稼祥等几位相处,我才认识我自己是太弱,太浅,太不够,太差了。今天的辣姜汤是太甜了。"在此期间,沈粹缜和孩子们在组织的护送下,也来到这里和韬奋团聚了一个月左右。由于局势紧张,他们在清明节那天就离开东江,经韶关前往桂林。

住进山寮的第二天,韬奋和茅盾等10多位著名的文化界人士,在曾生、林平等游击队领导人的陪同下参观了《新百姓报》社。为了迎接他们的到来,报社特意在松林里布置了一个展览室,将他们出版的各期报纸和翻印的宣言、文告,以及标语、漫画、对日军宣传的日文标语口号、识字课本、政治课教材、宣传提纲等油印品,摆了满满一桌子。大家看到展台另一端摆着的胶皮钉的刷子、白铁皮打的油墨盘、留声机针与小竹枝结合制成的钢笔,以及自制的钢板等全套印刷工具后,一致称赞这种艰苦奋斗的办报精神。韬奋谦虚地说:"我们都是搞新闻出版的,同在一条战线哩!我要向你们学习。你们是游击队的文化战士,比我们先走一步。我们现在也开始组成一支文化游击队,今后我们并肩战斗。"林平等人请韬奋、茅盾对游击队的文化宣传工作作些指导。韬奋就如何办好报、做好宣传工作提了一些看法。韬奋说,我有个冒昧的建议,如果将《新百姓报》改名为《东江民报》,不是更富有地方特色吗?同时还便于代表人民大众说话,批评国民党顽固派的错误政策。曾生、林平等人对韬奋的建议当即表示赞赏，并请韬奋题字。韬奋欣然命笔，挥笔写下"东江民报"4个刚劲有力的报头。1942年2月初，《东江民报》出创刊号时，韬奋亲自写了《发刊词》。韬奋还给报社的同志讲有关新闻工作和编辑工作的问题，勉励大家要努力自修成才。当有人提出"怎样才能做好新闻工作"的问题时，韬奋的回答就是真实、勤奋和无畏这六个字。他进一步解释说：写新闻一定要真实。真实是人民新闻事业的生命。新闻要披露、揭露事实真相，要宣传真理，不能粉饰太平。勤奋，除了努力学习广博的知识，做记者就要耳勤、脚勤、眼勤、手勤加脑勤。新闻工作者要为真理而奋斗，就要有大无畏的牺牲精神。日军进攻惠州、博罗，国民党军队不战而逃。两城沦陷后，韬奋立即为《东江民报》写了一篇题为《惠博失陷的教训》的社论，呼吁国民党军队应接受教训，立即停止消极抗战、积极内战的错误政策，同人民抗日游击队一道，坚决打击日本侵略者。

在东江游击区的日子里，韬奋总是有求必应，多次给大家演讲。他深入浅出地讲述国际联盟企图放纵德国法西斯来对付苏联，正在自食其果，英美的民主政治实质上不民主，他所见到的苏联的新人新事新面貌，苏联卫国战争的艰苦和必胜的前景；国民党统治的反动本质与倒行逆施，他对所接触的共产党领袖人物的政治品德与言行，以及关于学习、修养、事业心等方面的自我感受，等等。当年和韬奋一起经历了这段生涯的著名戏剧家于伶回忆道："韬公每次演讲，总以他那特有的朝气蓬勃，语言朴实，平静深沉，诚恳亲切，幽默表情，以及循循善诱、谦虚诲人的精神让听者受益。"

4月上旬,华南队——当时的军政干部训练班开学后,韬奋还应邀给他们作了有关民主政治问题的专题报告,对国民党当局反民主的法西斯暴行作了彻底的揭露和批判。他根据亲身经历的事实,揭露了国民党政府对外实行的妥协投降政策和对内钳制革命言论、摧残进步文化事业、迫害进步文化界人士的罪行;抗议国民党反动当局特务横行、到处设立"集中营"、侵犯人民权利、残害和暗杀抗日爱国人士的法西斯暴行;痛斥国民党官场败坏的黑暗政治,坚决制止国民党顽固派制造分裂、倒退、妥协投降的危机。韬奋力主实施民主政治,切实保障人民言论、出版、集会、结社等自由;要求取缔特务机关,解散集中营,释放一切被监禁迫害的青年和进步人士;解除对抗战文化的压迫和封锁,启封无故被封的书店、报馆、通讯社等文化团体。韬奋一再强调:"民主和抗战是不可分割的。"他认为:"抗战时期更迫切需要政治的建立和发展。"这是"国内根本的政治问题"。他还指出:"要争取抗战最后胜利,必须团结和动员全民族的力量。而要团结和动员全民族的力量,主要的条件是实现民主政治。"韬奋强调实现民主政治的主要锋芒,就是针对国民党当局的法西斯独裁专制,他的目的就是要"结束国民党的一党专政",成立各抗日党派联合的民主政府。韬奋的报告深入浅出,生动形象,给华南队的学员留下了极其深刻的印象。

不久,因为战斗环境日益恶劣,东江纵队的领导决定派一个加强排,护送韬奋前往惠阳地区。临行那天,华南队特意集中起来给韬奋送行。韬奋望着大家,很沉重地说:"我为民主与自由而努力奋斗了这么多年,然而终感我们的力量不够。现在我看到你们光亮的枪,见到你们亲热的面庞,我是多么兴奋和坚强呀!这才是我们胜利的保证呀!"

4月下旬,韬奋在当地党组织的护送下,经过惠州到达老隆。当时,国民党当局已密令各地特务机关,严密侦察韬奋的行踪,沿途各检查站都有韬奋的照片,"一经发现,就地惩办"。为此,周恩来发来急电,指示一定要将他就地隐蔽,保证他的安全,待时机成熟后再秘密护送走。所以,韬奋不能按原计划经韶关到桂林和妻子儿女团聚了。他在中共南方工作委员会的安排下,化名李尚清,以侨兴行大股东的身份,来到中共地下党员、当时的公开身份是侨兴行经理的陈炳传的家乡——梅县畲坑乡江头村,开始了他长达5个多月的隐居生活。

韬奋到江头村以后,住在一个老学堂里,陈炳传的父亲陈作民及他的一个孙子陪韬奋同住。陈作民一家对他极为关怀,照顾得非常周到。韬奋身体不好,陈作民一家经常买些好吃的菜和食品,为他改善伙食;韬奋生了病,陈作民一家为他请医、煎药。

在这六七十家农户的山村里,每当吃过晚饭后,总有二三十个农民聚集在一起聊天。大家对谈论的话题有补充,有争论,无拘无束,各抒己见。韬奋对这种夜谈评价极高,兴趣极浓。他说,这里是村里人民生活经验交流的场所,是思想智慧的源泉,是乡村文化的特种形式。对他来说,这是一所"夜大学"。在这所"夜大学"里,他可以听到过去没有听到过也难以听到的课程。他愿意在这样的"夜大学"里当个学生。在夜谈会上,韬奋了解了许多当地人民的斗争情况。为了弄清一些重要问题,他经常和陈作民一起,以"寻龙找穴"为名,穿山过屋进行实地调查。

一次夜谈中,群众讲述了两年前关在本村的新兵因不堪国民党军官的虐待,破监逃走,其中有5个受伤,被捉回来活活地惨遭杀害,挖去心肝,心肝被挂在水怡楼门口的竹竿上,直到晒干了才收回去。住在水怡楼的陈福连正在患病,一看见人心肝便被吓死了。听了这骇人听闻的事件,韬奋在陈作民的陪同下,以看陈作民祖母坟墓为名,特意到对面山岭,看国民党军官杀戮新兵的刑场,以及挂竿晒人心肝的墙头,并非常沉痛地倾听了陈福连家属的泣诉。韬奋回来后对陈炳传说:"抗战初期我曾到前线慰劳抗日战士,亲眼看到他们为保卫祖国忍受困难、牺牲自己的许多可歌可泣的事迹。同时看到受伤战士有的独自勉强支撑着走路,有的匍匐路旁奄奄一息,更有的满身血污卧在田野里挣扎,无人过问。我当时对国民党政府不关心战士疾苦,虽感愤慨,但以其还是实行抗日,未加深责。全面抗战爆发以来,逐步暴露了他们不是决心抗日,不是走向民主、进步,而是日益走向反共反人民,走向对日投降。他们过去无视前线战士的疾苦,甚至在后方屠杀新兵,决不是偶然的,而是反动政治本质的必然表现。由此更显得中国共产党领导中国革命的坚定性、彻底性,自抗战以来的一系列方针政策的正确性,及其言必信、行必果的伟大精神。"

为了使韬奋进一步了解梅县人民的革命斗争史,陈作民设法把埋藏在梅县一个亲戚家里的两箱历史文献取了回来,其中有当时中共中央机关报《向导》周刊、中国共产主义青年团机关报《中国青年》、中共广东区委机关报《政治》周刊、团区委的《少年先锋》、梅县地委的《青年旗帜》等。韬奋看到这些书刊如获至宝,高兴地说:"好极了!我要利用这个时间认真补课。"每天早、午饭后,韬奋就来到陈作民特意为他准备的秘密书房——鸣岗楼,认真阅读,并在这堆书旁撰写了20多万字的《中国历史述评》。韬奋还对陈炳传说:"中国人民革命的巨火在广东炽烈燃起来的时候,我还是一个不大关心政治的人。后来国共分裂,我也还是当作党派斗争。我自己不想卷入到任何党派斗争方面。我认为谁执政都没有问题,只要能够政治清明,使祖国逐步走上富强的道路。我自己总是希望脚踏实地,为国家及人民切切实实做一些具体有效的事情。直到'九一八'事件发生,我投身到挽救祖国危亡的战线上,才逐步认识到挽救中国的唯一道路,只有唤起全国人民,实行反帝反封建的民族民主革命。从此,才认识中国共产党,按着党所指的方向努力。我对中国革命是半路出家,是通过自己的摸索,走了不少迂回道路的。"

由于国民党当局在各地没有查出韬奋的行踪,断定他仍然留在广东,故派特务头子前来广东坐镇指挥,特别加强了对梅县一带侦察,扬言务必将韬奋捕获。中共地下组织获悉了这个情报后,随即向周恩来作了汇报。周恩来等反复研究后决定,建议韬奋考虑是否前往苏北抗日根据地,还可以考虑从苏北转赴延安。韬奋听了党的这个决定后,当即表示:"我没有什么意见,坚决服从党的安排。"

1942年9月25日是农历中秋节,陈炳传在老学堂设便餐给韬奋饯行。当夜深人静的时候,韬奋望着月夜的村景,满怀深情地对陈炳传说:"炳哥！我不能忘记江头村,这里是我第一次深入接触的祖国农村,是我第一次和祖国劳动人民交往的场所。从这里我学到了许多东西,领受到语言说不出的深情厚谊。从这里引起了我不少残酷与壮烈的想象。在想象中,我看到历史的和现实世界的屠夫们的血手,也看见中国人民对着屠夫们的浴血搏斗。在这里的半年生活是我一生经历中有极深刻意义的一段,将来我一定要把这段生活写出一本详细的回忆录来。"

离开江头村前,韬奋分别给在这段时间里一直照顾他的共产党员胡一声和陈炳传写了两个条幅,都是撮录鲁迅的名句。韬奋给胡一声写的是:"历史上都写着中国的灵魂,指示着将来的命运,只因为涂饰太厚,废话太多,所以很不容易察出底细来。正如通过密叶投射在莓苔上面的日光,只看见点点的碎影。"他给陈炳传写的是:"翻开历史一查,（这历史没有年代,）歪歪斜斜的每页上都写着'仁义道德'几个字,仔细看了半夜,才从字缝里看出字来,满本都写着两个字是'吃人'。"两个条幅都签上了清秀有力的真名"韬奋"。

韬奋还应邀为陈作民即将建成的新屋"作庐"写了四幅屏条。每幅近两米长,一共350多字。韬奋写道:

> 作庐为作民先生与其哲嗣炳传兄躬自设计建成之新型家宅,自创始以至完成,惨淡经营,历时二载,皆由主人躬自规划、督察,艰苦备尝。余尝谓炳传此宅在君家殆如艺术家对于亲手创造之艺术品。顾此艺术品仍仅表象而已,尤可感念者,实为其所含之内容,有非外观所能窥测者。盖作民先生之生平艰苦卓绝,公正

宽仁,言其自身,虽幼年失学,而由于发愤自修,能诗文,善书法,家境原清苦,而独能具远见,排万难,跋涉重洋,艰苦创业,为侨胞模楷;言其齐家,则慈爱严明,启迪有方;言其居乡,则急公好义,遐迩感钦;言其对国家社会,则尤可见其高瞻远瞩,公而忘私。余与炳传为知交,深知炳传为国努力,每在危难震撼之际,辄获其贤父母之衷心谅解与诚挚慰藉,使其见义勇为,无所顾忌。炳传为国尽力之前程远大,其贤父母实有以玉成之。此则于乐观作庐告成之际,所尤令人敬念不忘者,故乐述其概略,俾知作庐不仅有其表象,实有其弥可珍贵之内容焉。

作庐落成纪念。

这是韬奋一生中所写的唯一的大型墨迹,表达了他对陈炳传一家的感激之情。此外,韬奋还把自己的一束文稿,用油纸包装封好,拜托陈作民妥为保存,并特别叮嘱:"一定要凭我的亲笔信才可交回。"令人痛惜的是,这束文稿后来被毁掉了。

临行前,韬奋十分愤慨地对胡一声说:"我毕生办刊物、做记者、开书店,简直是'题残稿纸百万张,写秃毛锥十万管'了,但政权、军权还在蒋介石手里,他一声令下,就可以使千万个人头落地!千万本书籍杂志焚毁!连我这样的文弱书生、空谈爱国者,他都一再使我流离失所,家散人亡呢!我现在彻底觉悟了,我要到八路军新四军方面去,在毛泽东、周恩来、朱德等同志领导下,参加革命斗争,争取加入中国共产党。"

第四章

为人民谋幸福

　　自九一八事变发生以来,韬奋始终认为,要团结抗战,以笔为剑,怒斥敌寇,反对投降。他为保障民权运动而不懈奋斗,参加了宋庆龄等人发起的中国民权保障同盟,并被推举为执行委员。韬奋提出,新闻出版工作者要做民众的耳目和喉舌。20世纪三四十年代,国民党的新闻检查制度以加强文化专制主义为目标,摧残进步文化。为此,韬奋进行了不懈的努力和斗争。

一、坚定抗战信心

韬奋坚决支持抗战到底。为争取抗战胜利,韬奋从不同方面作出了努力。

第一,积极抗日,坚决反对投降。八一三事变以后,日本帝国主义的侵略直接威胁到英、美等国和蒋介石集团的利益。在全国人民抗日怒潮的推动下,南京国民党政府开始采取比较积极的抗日态度和行动。抗战形势使国共两党再次合作成为现实。1937年9月22日、23日,国民党中央通讯社先后发表了中共中央关于国共合作的宣言和蒋介石承认中共合法地位及两党合作的谈话,这就宣告了以国共合作为基础的抗日民族统一战线终于正式形成。韬奋获悉这一久牵心弦的消息后,立刻在26日出版的《抵抗》三日刊上发表文章,对于这个"全国团结御侮"的重要表现,表示"热烈欢迎"。他亲眼看到自己多年来为之奋斗的愿望已经实现,心里充满了无限愉悦的情感。他说:"这样的全国团结,是保障抗战胜利最重要的一个条件,是对日本帝国主义的一个重大打击!"

随着全面抗战一天天地开展起来,韬奋对抗战的最后胜利充满了信心。他认为:"在军事方面,只要有坚持久战的决心,军事策略上的进退,甚至在战争过程中的偶有失利,都和整个的抗战局面，没有什么大关系，最后的胜利，还是属于我们的。"

8月19日，韬奋就"在杭州被我国所俘获的日空军飞行员，身旁多被搜出大批神佑符"之事，撰文分析了"中日空军的异点"。他认为："飞机是20世纪的产物，身藏神佑符却不免有16世纪的遗风，尤其可注意的是这明明表示怕死的心理！他们的怕死，其实也确是很可怜悯的，因为他们不过做本国军阀的工具，作毫无意义的牺牲品；这样毫无代价的死，他们满不愿意，我们不但不忍责备他们，实在觉得他们的怪可怜！"与此同时，韬奋对中国空军的表现，作出了很高的评价："中国的空军恰恰和这种现象相反。我们的空军斗志知道他们的英勇抗战是为着整个民族的生存，是为着人类的正义，所谓理直气壮，所以格外勇敢；他们身里所有的是热血肝胆，是同仇敌忾，所缺少的却是'神佑符'这一类滑稽的货物！"因此，他觉得"这是中日空军的一个很重要的异点"。

在整个抗日战争时期，始终存在着坚持抗战、反对妥协的问题。只有坚持抗战的国策，才能真正建立抗日民族统一战线；只有批判亡国论、失败论，树立抗战必胜的信念，才使国共两党团结一致、共同抗日成为现实。而在国民党当权阶层中，企图谋求妥协、中止抗战的确实大有人在。克服投降危机一直是抗日军民的任务。因此，韬奋非常重视统一战线内部的思想斗争，坚持批驳和制止一切妥协言行。

七七事变以后，亲日派还在散布"战必大败，和未必大乱"的亡国论调；某些国民党政客则坚持妥协退让，放出"和必乱，战必败，败而后和，和而后安"的投降派的政治烟幕弹；蒋介石也是摇摆不定。在亡国论和失败主义一时甚嚣尘上的情况下,韬奋在8月19日出版的《抗战》上发表了《战的反面》一文,揭露了所谓"和平"的代价,"是中国的道地十足的沦亡,是四万万五千万的中国人变成四万万五千万的奴隶"!他明确指出:"这代价是我们所万万无法支付的。于是余下的唯一有希望的途径是整个民族的坚决抗战!"

9月23日,韬奋发表了《轰炸南京》一文,揭露了日本帝国主义者用空军袭击南京,随后更有大举轰炸南京的恫吓等侵略行径。他尖锐地指出:"日本帝国主义的进攻中国,目的要打到中国屈膝,也就是要打到中国跪下来。大举轰炸首都的恫吓,也无非要想吓得中国跪下来。但是我们却是'置之死地而后生',日本帝国主义置中国于死地,中国人随时随地都可死,对于死的恫吓,已司空见惯,不觉得可怕,反而要以不怕死的决心,全国愈益精诚团结起来,和我们的公敌,我们的公共刽子手,作生死的猛烈斗争。我们愈益深信只有这样才能保全我们的民族,才能避免我们千万世子孙的惨境。"

最后,韬奋以大无畏的爱国主义精神表达了中国人民的决心:"在抢救我们整个民族的伟大生命和保护千万世子孙安全的目标之下,我们任何个人的生命都是可以在这大斗争中供牺牲,至于身外物的财产,那更不消说了。所以日本帝国主义把死来恫吓我们,以为这样可以使我们下跪,所得到的结果适得其反,反而使我们不怕死,反而使我们更团结,更沉着英勇地抗战!"

随后,韬奋又撰写了《中国的抗战能力》,发表在9月24日出版的《非常情报》创刊号上。他认为,"事实胜雄辩",七七抗战和八一三抗战"都是中国确有抗战能力的铁证"。"中国在军事上的物质设备虽较逊于敌人,但是'两军相对哀者胜矣'。全民族的团结救亡的战争和帝国主义的侵略战争,在实质上有着根本的差异,所以最后胜利必然地是属于我们的。"

《抗战》三日刊(创刊时名为《抗战》三日刊,后迫于上海租界当局的压力,于9月9日第7号至11月13日第26号更名为《抵抗》三日刊)也接连刊登文章,揭露亲日派的一切卖国阴谋。尤其是对于亲日派的头子汪精卫的一言一行,韬奋始终特别警惕。8月间韬奋在南京会晤各方政要时,也和时任国民党中常会副主席的汪精卫见过面。当韬奋等人问他对于"抗战前途的推测"时,汪精卫泪下如雨,仰首呜咽好些时候,才颤声说道:"抗战!抗战!中国抗战不到3个月,全国人民都要饿死了!"汪精卫对于抗战充满失败主义情绪,对抗战的光明前途没有信念。此后,汪精卫利用他所窃取的官职地位,极力阻挠组织群众进行全面抗战,屡屡发表一些似是而非的"和平"谬论,传播妥协投降的祸音。每逢战局失利的时候,汪精卫就乘机散布蛊惑人心的"和谣"。为此,韬奋在《抵抗》三日刊接连刊登文章,一再给予驳斥,决不让他的阴谋得逞。《热烈宣传与持久抗战》就是韬奋针对汪精卫的演讲《怎样才能持久》而撰写的专论,批驳汪精卫反对全面动员群众起来抗战的胡言。韬奋尖锐地指出,汪精卫一面主张"十二分的努力唤起民众",一面却表示"热烈宣传"不是"最为必要",试问"热烈宣传"既不是"最为必要",又怎样以"十二分的努力唤起民众"呢?

1937年10月26日晚上,驻守上海的国民党军队从大场庙行向南撤退到第二道防线继续抗敌。韬奋在当天就发表了《决心》一文,明确指出:"现在大家都知道抗战到底的重要,也知道要抗战到底,须有抗战到底的决心。这种意思似乎很容易懂,但在实践上我们却还可以看出破绽来,有些人听到战争胜利的消息,欣欣然地工作,可是听到了战事偶尔失利的消息,往往不免奄然若丧,影响到他在工作上的效率。喜怒哀乐,人之常情,这本来也未可求全责备,但是我们如果真正了解抗战到底的决心,我们在救亡工作上的努力便不应该受到军事失利消息的影响,便应该用理智来控制情绪。"

韬奋还以普法之战等国际上的著名战役为例来坚定大家抗战到底的决心,认为"这是历史给与我们的极可宝贵的教训"。他还充满激情地指出:"讲到决心,我常想到诸葛亮感人最深的两句话,即所谓'鞠躬尽瘁,死而后已'。现在前线拼死保卫祖国的斗士们,在实际上都在实行这两句话。我们参加救亡工作任何部门的人,也应该在实际上实行这两句话。有了这样的态度,无论如何是不会动摇的,那才是真正有了抗战到底的决心。"

第二天,上海市民一度有些恐慌。一些不明白实际情况的人似乎在心理上不免有些动摇。亲日派和汉奸乘机捣乱,停战妥协的谣言到处飞扬,有的甚至叫嚣"中日亲善""经济提携",妄图策动妥协和平运动。在这种形势下,韬奋立即在10月28日出版的《救亡日报》上发表了《需要镇定的时候》一文,指出:"上海的战事只是中国全面抗战的一部分。现在上海抗战了两个多月,前线战士壮烈牺牲,予敌人以重大打击,消耗战的目的可谓已达到,退到新阵线继续抗战,战事并不因此了结,中国全面的抗战更不因此了结，看清了这一点，便应该镇定下来，下决心继续努力各人所做的救亡工作才是，怎么可以在心理上有动摇的倾向，甚至表现于言语行动呢？这样是有抗战到底的决心的表示吗？这是需要镇定的时候！我们以及我们的朋友同志都应该把心理镇定下来，共同继续努力于应该做的工作。"

当时，上海各界人士都主张加大保卫上海的宣传力度，要求各大报刊登载一条标语——"主张妥协和平者就是汉奸"，以此与阴谋妥协投降卖国的汉奸活动相对抗。韬奋就在10月29日出版的《抵抗》三日刊的封面上用大字通栏刊登了这条标语，并在《最重要的一点》一文中进一步强调："我们必须明白消耗战的意义，然后对于上海战事的最近变化才不致颓废，才不致影响到救亡工作的继续努力。同时还必须明白只有抗战到底才能显现消耗战的作用，才不致受妥协论的麻醉，才不致无意中被汉奸所放出的投降理论所动摇。"

韬奋非常重视统一战线内部的思想斗争，坚持批驳和制止一切妥协言行，坚信中国是不可战胜的。他在《当前的急务》一文中指出："我国的抗战到了现今的阶段，有正确认识的人们看到国际的大势，日本自身的矛盾，及中国民族解放的光明前途，并不因目前所受到的挫折而动摇他们对于抗战必获得最后胜利的信心。"因此，"我们必须坚持民族自信心，认定我国只须在军器及技术上得到友邦的帮助，我们的军队再得政治上及民众力量的配合，是可能独立挡得住敌军，再进一步打得倒日本帝国主义"。1938年4月，中国军队取得台儿庄大捷之后，竟然有人认为应乘机怂恿第三国出来调停，公然提倡我国不妨损失权利，希冀抱残守缺。韬奋马上撰文指出,"苟安的心理"和"内争的恶习"是"值得我们随时随地用全力来扑灭消除"的"争取更大胜利的障碍物","以日寇的贪得无厌,抱着灭亡整个中国的阴谋,我们除争取最后的胜利外,决没有苟延残喘的可能"。

为了驳斥和制止妥协言行,树立中华民族不可战胜的信心,韬奋从政治、经济、军事、外交等方面对日本进行了认真的分析,以大量的事实说明,中国抗战的前途是光明的,但是过程是艰苦的。他在《光明的前途与艰苦的过程》一文中指出:"我们首先要认识的是我们的敌人日本帝国主义者不是在帝国主义的强盛时代,却是在帝国主义的没落时代……只要我们能积极利用以空间争取的时间,迅速增强在抗战中继续生长起来的力量,使我们的力量的增强和敌人的力量的疲惫成反比例,我们民族解放战争的前途是断然光明的。"

1938年12月,暗藏在抗日阵营中的汪精卫集团投降日寇,成为可耻的汉奸。对于这种民族败类,韬奋更是深恶痛绝。他先后发表了《汪精卫的自掘坟墓》《汪精卫通敌卖国》《全国舆论对汪逆的愤慨》《愈演愈丑的汪逆精卫》《声讨汪逆伪组织》等文,指责"汪逆精卫勾结敌人,叛党卖国,早为国人所痛心疾首",其"鲜廉寡耻,已达极点"。韬奋认为:"为正国法,为慰全国英勇抗战的将士及热烈爱国的同胞,实有迅速予以严厉制裁的必要。"他还强调,必须"继续打击汪逆一派的汉奸理论","提高全国同胞对汉奸理论烟幕弹的警觉性,努力禁止它的毒素的传播"。为此,韬奋还特意在国民参政会第四次大会上提出了"严加肃清汪派卖国活动及汉奸言论案"。

第二,逐步对中国共产党的全面抗战路线有了深刻认识。在抗日战争时期,中国共产党始终主张实行全面抗战路线,强调要在抗战中实行全国人民总动员、全国军队总动员,要充分发动群众、武装群众,动员一切力量争取抗战的胜利,并将这个胜利变成真正的人民的胜利。它与国民党的片面抗战路线形成鲜明的对照。对此,韬奋也是有深刻认识的。

抗日民族统一战线刚建立,韬奋就撰文介绍了中国共产党的全面抗战路线。他说:"中共这次宣言所表示的宗旨是要'挽救祖国的危亡',是要巩固'和平统一团结御侮的基础',是要'决心共赴国难',是要造成'民族内部的团结'来'战胜日本帝国主义的侵略',是'要把这个民族的光辉前途变为现实的独立自由幸福的新中国'。这个宗旨是全国爱国的同胞们所一致拥护的。"他认为:"要达到这个宗旨,'仍需要全国同胞每一个热血的黄帝子孙坚忍不拔的努力奋斗',该宣言因此特向全国同胞提出三个奋斗的鹄的:第一是为争取中华民族的独立自由而抗战;第二是实现民权政治;第三是发展国防经济,解除人民痛苦与改善人民生活。这三个鹄的也是全国爱国的同胞们所一致赞助的。"

关于如何发展国防经济,把全国民众真正动员起来,投身于抗日战争的伟大事业,韬奋专门撰写了《抗战与建国》《一串串的问题》《紧张中的建设》等文,阐述了自己的观点。他认为:"我们不要把抗战看作完全破坏的性质。我们要注意在抗战过程中同时把艰苦的建国事业担负起来!""平常所谓国防经济建设,也许因环境的松懈,不免有踯方步的姿态;在这万分紧张的抗战时期,应该出于跑快步的姿态。"我们"应该把抗战做发动机,在几个比较处于后方的省份,加紧国防经济的建设。在整个计划之下,动员四万万五千万的国民,努力于重工业及农产品的紧急生产,大规模地建设交通,同时用教育方法,宣传工具,使努力于这些事业的人们,深切地了解多用一分力,即多为抗战增长一分力量,他们的艰苦努力,其劳绩即等于前线冲锋陷阵的战士。这才是真正的动员全国,大量的动员全国"。

第二次国共合作形成之后,国民党当局对中国共产党的抗日救亡主张和政策,仍然是严加封锁。广大人民群众,尤其是国统区的群众,在过去的歪曲宣传的影响下,很难得到澄清疑团的机会。因此,韬奋主编的《抗战》三日刊就义不容辞地担当了这个任务,先后刊登了《朱德等就职抗战通电——坚决抗战众志成城》等文,使大家对八路军开赴战场,取得重大胜利的消息,以及八路军纪律严明、军民合作打日寇的动人故事都有所了解。他在《华北的紧张形势》一文中说:"仅靠军事取得胜利是没有把握的,必须有良好的政治工作和军事工作配合起来,才能有胜利的把握。第八路军因善于把军事工作和政治工作打成一片,曾于平型关溃败敌人,但是其他部分因政治工作赶不上军事工作,军事上也受到牵制,陷入困境,所以整个局面仍未能即有好转。"

11月13日,韬奋还在《抵抗》三日刊上发表了《怎样争取持久战的胜利》一文,全面介绍了彭德怀撰写的小册子《争取持久抗战胜利的先决问题》,使读者对于"中国必须持久抗战才能得到最后的胜利""中国在持久战不但不会把力量渐渐地消完,而且还会生长力量""敌我力量的对比决不是一成不变的东西,在持久抗战的过程中,是必然会变动的,我们的力量会逐渐变强,而敌人的力量则会逐渐变弱的"以及"什么是游击战争""怎样才能发展游击战争""民众动员与全民抗战的关系"等中国共产党关于持久抗战的思想和游击战争的策略有了一定的认识。他说:"彭先生是国民革命军第八路军的副指挥,正在前线作战的军事专家。他在这小册子里由已经3个多月抗战的实际经验所得到的意见,实值得我们的郑重介绍。"

中华民族历史悠久,具有光荣的爱国主义传统。在抗击日本帝国主义侵略的斗争中,由于中国共产党的中流砥柱作用,以及韬奋等一批具有崇高威望的先进人物的大力弘扬,中华民族的爱国主义传统得到空前的发扬和光大,从而终于取得了抗日战争的最后胜利。

第三,弘扬中华正气。 抗日战争全面爆发后,韬奋特别注意弘扬中国军民英勇抗敌的爱国主义精神。

刘湛恩是上海沪江大学的首任校长、爱国志士、社会活动家、抗日英烈,曾任中华基督教青年会全国政协教育总干事。九一八事变发生后,刘湛恩积极参加抗日救亡运动,被推举为上海各界人民救亡协会理事、上海各大学抗日联合会负责人、中国基督教难民救济委员会主席。

刘湛恩从小就有爱国情怀。12岁时,他在街上见到一个外国巡捕拷打一个中国苦力,不觉义愤填膺,忘记自己还是个小孩,上前与外国巡捕论理。这还了得,一个中国小孩竟然与一个外国大人讲道理,结果刘湛恩被投入监狱。

这件事激发了刘湛恩的爱国热情。听了孙中山的演讲后,刘湛恩毅然加入革命队伍上前线,那年他才15岁。在国外留学时,刘湛恩为山东问题,曾当面质问过美国总统威尔逊;华府会议时,中国学生的后援队正是在刘湛恩指导下组织起来的。

1938年4月7日,沪江大学校长刘湛恩因拒绝出任伪教育部长而惨遭暗杀。凶手当场被抓住,是日军收买的汉奸特务。但公共租界当局慑于日本侵略军的凶威,未敢惩处凶手,直到新中国成立后,才将其正法。韬奋获悉后,立即发表了《敬悼不受伪命的刘湛恩先生》,认为刘湛恩"至死不受伪命,这种可敬的精神,伟大的人格,实不愧为中华民族的一个好男儿,值得我们最高的崇敬"。"刘先生的死是光荣的死,是等于为国牺牲的战士的死!人谁无死,死有重于泰山,有轻于鸿毛,为国牺牲的战士的死,才是最有价值的死!"对于在抗日前线奋不顾身、英勇杀敌的我军将士,他们都是好青年、好战士,都是一个个真正的军人。韬奋对其给予热烈歌颂。1938年6月,中国空军一声令下,众多飞行员立刻驾驶着轰炸机,嗖的一声冲向天空,不料被敌机射中,机尾冒烟。此时,年轻的中国飞行员完全有机会打开降落伞逃生,但他们没有这样做,而是冷静地坐在舷窗旁,就像一块石头,凝视着敌机上的驾驶员。此时他们也许想起自己就职时的誓言,也许他们什么也没想,只是要把敌机击落,同归于尽。当他们再次向敌机冲去时,他们看到敌方脸上出现的紧张、震惊、胆怯、慌乱、恐惧、绝望……

中国人难道不要命了?

刹那间,两方飞机相撞,发出剧烈的爆炸声,起火……

人的生命只有一次,生命也是交响诗,这种勇往直前的英雄精神,就像谱写了贝多芬的《第三交响曲》(又称《英雄交响曲》),奏出令人振奋、雄壮的大无畏旋律,永世难忘。此事在全国引起震动。韬奋发表了《令人感泣的壮烈空军》,认为"这种为国家民族争生存的壮烈牺牲精神,真所谓'动天地,泣鬼神'","实使每一个同胞的心坎里都深深地感到兴奋与感激"。他号召全国民众"效法空军战士为国奋斗的精神,加紧各部门的救国工作,与英勇的空军战绩相配合"。

二、努力保障民权

20世纪30年代初期,日本帝国主义大举入侵,在中日民族矛盾日益上升的情况下,国民党蒋介石仍然顽固坚持"攘外必先安内"的反动政策,一方面抽调大量精锐部队进攻革命根据地,围剿红军;另一方面,在国统区制造白色恐怖,非法逮捕监禁和屠杀共产党人和爱国青年,肆意践踏人权。当时"所谓特务已经横行,他们避开法院和法律,用绑票方法秘密捕人,酷刑逼供,惨无人道,随意处死,有冤莫伸。在这种无法无天的黑暗情况之下,有用的人材和无辜的青年被牺牲的不知多少"!面对这种黑暗统治,宋庆龄于1932年夏秋间开始筹建中国民权保障同盟,以揭发这种违法现象和无人道行为,营救一切受害的人们。

在酝酿成立团体的过程中,宋庆龄进行过一连串的个别邀请活动。宋庆龄邀请蔡元培、杨杏佛,蔡元培、杨杏佛邀请鲁迅,鲁迅邀请胡愈之,胡愈之邀请韬奋……当时,周建人在上海商务印书馆工作,胡愈之有事通过周建人与鲁迅联系。一天,鲁迅托周建人邀请胡愈之去开会,叫胡愈之再邀请韬奋参加。胡愈之和韬奋都去了,和宋庆龄、蔡元培、杨杏佛、鲁迅等一起讨论组织中国民权保障同盟。

1932年12月17日,宋庆龄与蔡元培、杨杏佛等发表宣言,发起组织中国民权保障同盟。宣言指出:"中国民众,以革命的大牺牲所要求之民权,至今尚未实现,实为最可痛心之事。抑制舆论与非法逮捕杀戮之记载,几为报章所习见,甚至青年男女有时加以政治犯之嫌疑,遂不免秘密军法审判之处分。虽公开审判,向社会公意自求民权辩护之最低限度之人权,亦被剥夺。"因此,"对此种状态欲为有效与充分之改革,唯有努力改造产生此种状况之环境"。

12月29日,蔡元培在上海华安合群人寿保险公司大楼(现南京西路108号)主持记者招待会,宣告由宋庆龄任主席的中国民权保障同盟正式成立。韬奋应邀出席了招待会。他认为,"特务的违法横行,草菅人命,用绑票的方法,用秘刑的拷打,都是在偷偷摸摸鬼鬼祟祟中进行的,(中国)民权保障同盟就是要揭发这类黑暗的违法行为,依法加以援救"。因此,他在这次招待会后毅然加入了中国民权保障同盟,担任了同盟临时全国执行委员会的委员,并积极参与了同盟的各项活动。

1933年1月7日,韬奋在《生活》周刊上发表了《民权保障同盟》一文,阐明了中国民权保障同盟的宗旨:"(一)为国内政治犯之释放,与非法的拘禁酷刑及杀戮之废除而奋斗,并愿首先致力于大多数无名与不为社会注意之狱囚;(二)予国内政治犯以法律及其他之援助,并调查监狱状况,刊布关于国内压迫民权之事实以唤起国内之公意;(三)协助为结社集会自由,言论自由,出版自由,诸民权努力之一切奋斗。"他特别强调:"民权之获得保障,决不是出于统治者的恩赐,乃全由民众努力奋斗争取得来的。"

1933年1月21日,国民党江苏省政府主席顾祝同仅以"宣传共产"为名,不经公审,将镇江《江声日报》经理兼主编刘煜生枪决。刘煜生只因发表了《时代不是时代》《端午节》《岁》《下旬须知》《我们的希望》5篇反映农民和劳工痛苦生活的作品,就被国民党江苏省会戒严司令部逮捕。这一事件在全国引起了公愤。各界纷纷提出抗议,特别是新闻界,举行集会,发表宣言,活动频繁。1933年2月1日,韬奋参加了宋庆龄主持的中国民权保障同盟执委会议,地点是华安大楼八楼,并招待本市报界人士。出席会议的人员除韬奋外,还有蔡元培、林语堂、伊罗生、陈彬龢等人。会议决定发表中英文宣言,昭示全国,并要求国民政府严办顾祝同。此外,抗议国民党政府枪杀进步报人的罪行,并主张由上海报界领导全国新闻界罢工一日,以示强硬抗议的态度。韬奋还在2月4日出版的《生活》周刊上发表了《江声报经理刘煜生被枪决案》和《新闻记者》两篇"小言论",认为"此事是非所在,不仅是刘君一人的冤死问题,也不仅是《江声日报》一个报馆的存亡问题,也不仅是新闻界的言论自由问题,是和中山先生所揭橥的'民权'问题有直接的联系"。他指责国民党政府侈言"起草宪法",但"有法而不能行","又何能引起民众的信任"?他强烈要求国民党当局对刘案"彻底根究以昭示于全国民众"。他还特别强调:"尽管把全国的言论都变成千篇一律的应声虫,'水波不兴'的下面必将有狂澜怒涛奔临,'清风徐来'的后面必将有暴风疾雨到来!"这是中国民权保障同盟成立后对国民党当局开展的第一场公开的斗争,戳穿了他们所谓"法治"的真面目,提出了最基本的民权要求,在全国引起了强烈反响。

4月22日,《生活》周刊刊登了读者洁非的来信《思想的犯罪问题》。韬奋在编者附言中对作者的哥哥因为"常读一些关于现代思想的书籍",便陷入了"冤酷的惨境"深表同情,并建议他把哥哥的冤抑详情,函告宋庆龄、蔡元培诸先生所主持的中国民权保障同盟,请求设法援救。当然,韬奋也认为,这只是"无办法中的尝试",至于要根本消灭这样的惨象,只有引该同盟宣言中所谓"我辈深知对此种状态欲为有效与充分之改革,惟有努力改造生产此种状态之环境"。

中国民权保障同盟在宋庆龄、蔡元培的领导下,做了大量细致、切实有效的工作,特别是营救了一些被国民党非法逮捕的共产党员、反蒋爱国民主人士,发挥了一个公开的、合法的群众团体在白色恐怖下所能发挥的最大作用。正如韬奋所说,"蔡孑民(蔡元培)先生负党国重望,对于构成国家民族奠基石的优秀青年及人材尤爱护不遗余力。孙夫人向来主持正义,国际闻名。由他们两位出任正副会长,该同盟的力量更为增加,在国际宣传上也更为有力。当时中国特务要在上海租界捕人,不得不勾结租界当局,英美的政治虽也不见得怎样高明,但对于法治二字,总比CC派的特务重视一些,所以他们的黑暗伎俩或事实经民权保障同盟揭露之后,对于他们多少也要增加些麻烦。此外该同盟也时常根据事实,直接向有关当局交涉。寻常老百姓如向他们哀求探问,他们可以厚着脸皮回答根本不知道有这回事,根本不知道有这样的人,你又将他们奈何!只是由党国元老主持的该同盟,根据事实提出交涉,却不能像对寻常老百姓那样易于对付了"。

中国民权保障同盟敢于揭露国民党的残暴,矛头直指蒋介石及国民党的统治核心,坚持不懈地同他们的黑暗统治作斗争,因此从它成立的那天起,就被蒋介石视为眼中钉,必须除之而后快。蒋介石集团派遣大批特务监视宋庆龄、韬奋等成员的行动,破坏中国民权保障同盟的活动,而且还策划种种阴谋企图暗害宋庆龄,但慑于宋庆龄在海内外的崇高威望,不敢贸然下手,只好下令于1932年6月18日暗杀了中国民权保障同盟总干事杨杏佛,妄图以此达到"杀杨儆宋"的目的。

1933年6月18日早上,杨杏佛与家人准备到大西路(现延安西路)骑马。7时左右,杨杏佛和儿子一起乘汽车出门。车头刚出"中央研究院"大门,预先埋伏在人行道旁的四个特务,突然窜出,围集车子射击。司机首中两枪,受重伤,后由另一司机送海格济红十字会医院(现华山路华山医院)医治。在特务射击的危急之际,杨杏佛考虑到孩子的生命,全身俯伏在儿子身上。当时,有两个特务继续向杨杏佛射击,三枪均中要害,杨杏佛倒在汽车里。杨杏佛的儿子因有父亲的掩护,仅在腿中一弹,受轻伤。杨杏佛后由"中央研究院"对面的利威汽车公司职员俄国人培克,开车到广慈医院(现瑞金医院)抢救。车抵医院时是早上8时左右,因该医院是一所教会医院,周日医师均去天主堂望弥撒,故杨杏佛入院后,等到10时左右才有医师来检查,此时杨杏佛已气绝身亡。凶杀案发生后,上海舆论界一片哗然,纷纷要求缉拿凶手。汪精卫假惺惺地说:"对此事深表同情。"吴铁城则说:"已训令公安局,协同租界当局,缉拿凶手,归案法办。"其实,凶手就是他们自己。后已查明,布置暗杀的特务为"军统"上海组组长赵理君。

6月20日,杨杏佛的遗体在万国殡仪馆大殓。当时国民党特务曾扬言,要在这一天暗杀中国民权保障同盟的其他成员。

宋庆龄、鲁迅等人尽管都被列入黑名单，但仍冒着很大危险，前往特务严密监视的殡仪馆吊唁。韬奋和胡愈之也"以杨先生为公而死，殊可钦敬，相约同时偕往灵前致敬，表示哀诚"。韬奋认为，杨杏佛"为保障民权努力，为保障民权运动而牺牲了他自己的生命，就这一点说，他的死是值得永远纪念的"。韬奋在7月8日出版的《生活》周刊上撰文指出，"世界上黑暗的国家，统治

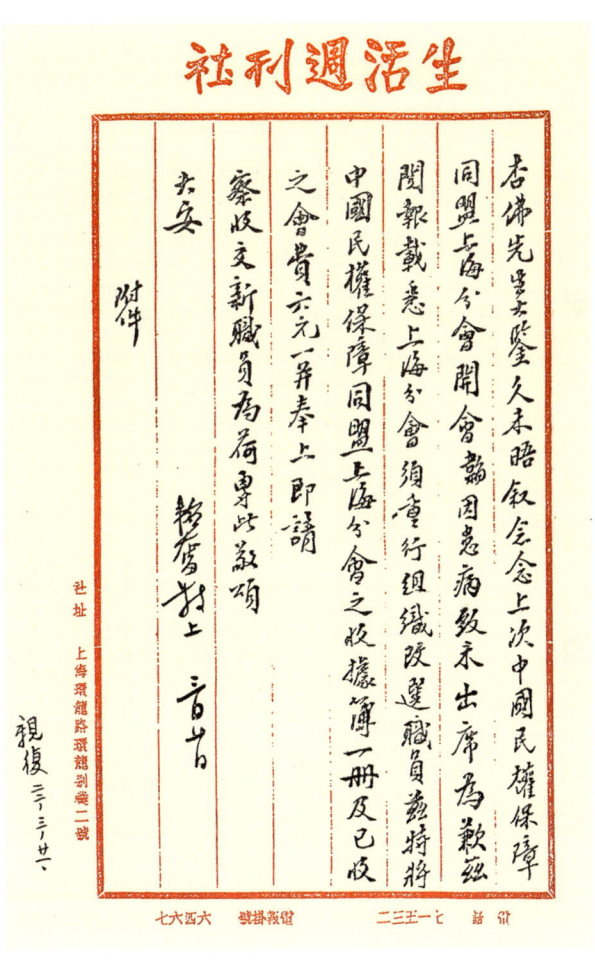

韬奋致函杨杏佛

者对于革命的男女青年的摧残蹂躏","不但惨酷而已,而且还要用极卑鄙恶劣的手段,造作种种蜚语,横加侮辱,以自掩饰其罪恶。这种手段当然是极端笨拙愚蠢的,因为略明事理及知道事实的人决不会受其欺骗;在统治者自身,徒然暴露其心慌意乱,倒行逆施,增加大众的愤怒和痛恨罢了","俄国革命便由统治者在这样压迫青年自掘坟墓中酝酿起来"。

华北事件前后,韬奋结识了德高望重的沈钧儒。他们经常邀约一些文化界人士,一起聚餐交换意见,共同商讨时局的发展和抗日救国的具体道路,酝酿在文化界发起建立一个抗日救亡团体。1935年12月12日,韬奋和沈钧儒、马相伯等283人联名发表了由胡愈之起草的《上海文化界救国运动宣言》,呼吁"负有指导社会使命的文化界"立即奋起,"站在民众的前面而领导救国运动"!这个具有深远意义的宣言随着一二·九运动的深入和发展,迅猛地传播开来。

12月27日,上海文化界救国会正式成立。一大批作家、新闻记者、导演和演员、教授、律师、宗教界人士参加了成立大会。大会推选韬奋、马相伯、沈钧儒、章乃器、陶行知、胡愈之、李公朴、王造时、史良等35人为执行委员,由韬奋分管宣传,并通过了《上海文化界救国会第二次宣言》,提出了"迅速建立民族统一战线"、"停止一切内战"、"武装全国民众"、"释放一切政治犯"等8项救国主张。

在此前后,上海各界爱国人士也纷纷行动起来。到1936年1月,上海妇女界救国会、大学教授救国会、电影界救国会、新闻界救国会、职业界救国会、学生界救国会、工人救国会等各方面的救国会都先后建立起来了。在此基础上,上海各界救国联合会于1936年1月28日正式成立,推选韬奋和沈钧儒、章乃器、李公朴、陶行知、王造时、史良等组成执行委员会,统一领导上海的抗日救亡运动。

与此同时,全国各地的各界爱国人士也纷纷组织起各种各样的抗日救亡团体。北平、天津、南京、济南、青岛、武汉、西安等地都先后成立了救国会。救国运动以燎原之势在全国各地迅速展开。《大众生活》先后刊登了上海文化界发表的两次救国运动宣言,成为救国运动的一个坚强的舆论阵地,起了振聋发聩的重要作用。

随着抗日救亡运动的不断发展,1936年5月31日至6月1日,全国各界救国联合会在上海召开了成立大会。来自北平、天津、保定、济南、青岛、徐州、南京、上海、安徽、厦门、香港、广州、武汉等地的代表50余人出席了会议。韬奋在会上当选为全国各界救国联合会的执行委员。

为了促成全国各党各派、各地方势力的团结合作,共同抗敌,韬奋和沈钧儒、章乃器、陶行知等救国会领导人于1936年7月15日联名发表了由共产党人胡愈之帮助起草的《团结御侮的几个基本条件与最低要求》一文,明确表示赞同和支持中国共产党的抗日民族统一战线政策,主张停止内战,一致抗日。《生活日报》全文刊登了这篇文章。这一代表全国大多数民众意志和要求的呼声,引起了国内各界人士的重大反响,特别得到了中国共产党的赞同。

8月10日,毛泽东发表了《致章乃器、陶行知、邹韬奋、沈钧儒及全体救国会员函》。他充分肯定了救国会的这一主张,并代表中国共产党、苏维埃政府与红军,向救国会全体会员"表示诚恳的敬意",表示愿意在救国会的纲领下签名,同救国会及"一切愿意参加这一斗争的政派的组织或个人合作","来共同进行抗日救国斗争"。毛泽东的公开信,对救国会的领导人是一个极大的鼓舞,也增强了韬奋从事抗日救国运动的信心和力量。此后,全国各地的救国组织进一步得到发展和加强,抗日救亡运动广泛展开,进入了一个新的发展阶段。

9月18日,毛泽东又亲笔写信给韬奋和章乃器、陶行知、沈钧儒,信中说:"先生们抗日救国的言论和英勇的行动,已经引起广大民众的同情,同样使我们全体红军和苏区人民对先生们发生无限的敬意!"1936年9月24日,潘汉年带着这封信离开陕北苏区,前往上海。这样,韬奋和救国会同中共中央的正式代表开始有了直接的联系。

从此以后,韬奋的政治态度总是同中国共产党的主张保持一致。他总是虚心听取党的意见,并且努力把党的意见转变为自己的实践。不论他个人的事业或者有关个人的去处有什么问题,或者遇到新的政治问题,他总是去找他所能接触到的党的组织商量,虚心听取党的意见,无条件地按照整个革命的利益来安排自己的生活和工作。总之,他已经严格地用革命者的标准来要求自己,全心全意为党工作。

全面抗战爆发不久,有些反对民主政治的人们,公然鼓吹"民主与抗战是不相容的"。为此,韬奋特意撰写了《反映民意与抗战前途》一文,深刻批判了这种谬论,全面阐述了民主政治与抗日战争的关系。他说:"中国目前所需要的民主,其唯一的动机,是要尽量发挥民众力量,在政府及领袖领导之下,在种种方面参加抗战,争取民族解放自由。……这样说来,民主不但不与抗战不相容,而且是要增加抗战的力量的。"他认为:"只有日本帝国主义恐惧民主,因为日本帝国主义用麻醉及强迫手段,勉强日本国民拥护他们侵略中国,在实际上日本民众厌恶战争,反战心理是随处潜伏着的,如采用民主,那么民意抬头,侵略战争便无法进行了。同时日本帝国主义也怕中国采用民主,因为这样一来,中国发动整个民众的抗战,他们的侵略目的是很难达到的。"

至于民主的内容,韬奋认为须包括以下三点:第一,"在现有的政治机构中应有反映民意的机关"。"最重要的一点是这里面所容纳的分子,须能代表全国各方面对于国事的意见,反映大多数民众的意志,以备政府的采择。"第二,"关于抗日及善意批评政治的言论自由"。"凡有裨于抗日的言论,尽量许其自由;凡有碍于抗日的言论,绝对不许其自由。关于政治问题,因政治的清明革新,与抗日的胜利息息相关,故人民在言论上对于政治问题,作善意的批评或建议,亦应得到言论自由。"第三,"组织抗日团体的自由"。"民众对于抗日政府的赞助,对于抗日工作的参加,都有组织团体的必要。"

对于整个世界形势的发展趋势,韬奋是看得很清楚的。他说:"当前世界的大势,是反侵略的势力与侵略势力的斗争,是民主势力与反民主势力的斗争。中国是世界上反侵略与保卫民主的一个重要的堡垒,我们的艰苦斗争是和世界上最进步的主流相配合的。这最进步的主流也许要在过程中遭受到某些挫折，受到某些逆流的妨碍，但是这最进步的主流必然是要像中山先生所启示：'世界潮流的趋势好比长江、黄河的水一样，水流的方向或者有许多曲折……但是流到最后，一定是向东的，无论是怎么样，都是阻止不住的。'我们要使中国的光明前途，配合着世界的光明前途。我们要站在进步的一方面，不可跟着别人开倒车！"

1939年2月，韬奋根据全国抗战形势发展的需要，又发表了《建立民主政治的基础》一文，就"怎样建立民主政治的基础"比较具体地提出两点意见：

第一，更广泛动员民众。韬奋认为，各民主国家有议会，我们在抗战期间有过渡的民意机关国民参政会，这可谓是民主政治的一部分，但所谓民主政治绝不是有少数人参加议会便算完事，真正的民主政治尤须给与广大民众以积极参加国事的种种机会和组织，就当时的中国说，尤须给与广大民众以积极参加抗战建国工作的种种机会和组织。但全面抗战已历时19个月，是否还有民众，尤其是朝气蓬勃的青年，深深感觉到有力无处用？是否每一个有力贡献的国民都在良好组织之下得到努力的机会？这些问题，实值得我们的深切反省与检讨的。

第二，更切实整饬吏治。韬奋认为，对于各层政治人员必须注意选贤任能，才能切实执行中央反映民意的种种策略与方案，否则一纸命令，徒多一件档案，不能下达，等于具文。该问题必须得到彻底解决，然后才真能使政治在实际上"建筑在民意之上"。"抗战到了今天，政治上的进步仍赶不上军事，这是二期抗战中一个最基本的问题。"

关于民主政治的性质，韬奋的认识也是很清楚的。1940年5月4日，他在纪念五四运动21周年的时候明确指出，"现在我们所要的实现的三民主义的民主虽不是无产阶级专政的民主，也不是资产阶级专政的民主，却是在抗战建国大时代中全国各阶层各党派精诚团结共同努力的民主"。

皖南事变以后，由于国民党坚持独裁、分裂和妥协的方针，国内"政治上的逆流，更有急转直下之势"，反民主的行径愈演愈烈。1941年3月27日，韬奋完成了到达香港后撰写的第一篇文章《我对于民主政治的信念》，从三个方面阐述了自己的观点。

第一，世界潮流与中国。韬奋首先援引了孙中山先生的话："世界潮流的趋势，好比长江黄河的流水一样，水流的方向，或者有许多曲折，向北流或向南流的，但是流到最后，一定是向东的，无论怎么样（都）阻止不住的。所以世界的潮流由神权流到君权，由君权流到民权，便没有方法可以抵抗。如果反抗潮流，就是有很大的力量像袁世凯，很蛮悍的军阀像张勋，都是终归失败的。"他认为，"在全中国人民迫切希望民主政治积极开展的今日"，这是"异常重要的话"。

民主政治原是历史的产物，在不同的历史阶段，各有其不同类型的民主政治。例如在帝国主义时代，法西斯的摧残民权，便是民主政治的最顽固反动的障碍物。韬奋认为："世界政治史的总的发展，总是向着更高阶段的民主政治方面迈进，尽管在前进的过程中可能有着某些黑暗时期，可能有着某些相当严重的打击，掩蔽了某些人的理智，动摇了某些人的意志。历史的巨轮，在长期中总是向前推进的，硬开倒车的人终究是心劳日拙，徒劳无功！"

争取民主或加强民主已成为当前世界政治的中心问题。韬奋清楚地认识到"中国是世界的一环,当然不能自外于世界,在这'世界潮流'中,除非自暴自弃,情愿加入'违抗潮流''终归失败'的反动阵营中去,也必然要'顺乎世界潮流,非用民权不可'。这是中国唯一的出路,'无论怎么样(都)阻止不住的',是全中国人民的实际需要所绝对不许'阻止的'!我们要认清世界潮流与中国所处的地位"。

第二,实际的需要。韬奋再次援引了孙中山先生的话,"今日我们主张民权,是要把政权放在人民掌握之中","凡事都应该由人民作主的,所以现在的政治又可以叫做民主政治"。韬奋认为:"就中国在当前所亟待解决的几个实际的问题——有关整个国家民族的几个实际的问题——除了真正实行民主政治外,也没有其他基本解决的办法。现在全国同胞所最须集中努力的是争取抗战的最后胜利,全国同胞所迫切希望的也是要保证抗战最后胜利的必可得到,这是谁也不能否认的。在这个总的目标之下,国人所最关心而在实际上也是最主要的,有三个大问题亟待得到完善的解决:第一是巩固团结问题,第二是加强动员问题,第三是稳定经济问题。而这三个问题的先决问题,是整个政治的改善问题,也就是民主政治是否真能切实施行的问题。"

第三,问题的症结所在。关于中国民主政治的推进,有两个基本认识非常重要:一是中国民主政治的特点,二是民主政治的实际执行。

韬奋指出:"中国的抗战建国是要由全国各阶层共同努力达到成功的,不是任何一个阶级所能包办的。政党既是为着其所代表的阶层而努力奋斗的,所以中国的民主政治当然是出于多党的方式,而不是出于任何一党的专政,其为多党制,与资产阶级在实际上专政的民主显然也不是相同的。""中国政治的光明前途,必然是建立于全国各阶层共同参加努力的真正全民的民主政治。"其次,所谓民主政治的实施,固然需要促成真能反映民意保障民权的宪法和各级真能反映民意保障民权的民意机关,但是尤其重要的是要全国注意民权保障之真实执行,否则将来即使有了完善的宪法和选出的民意机关,宪法也只是具文,民意机关也徒具形式罢了!他列举了《中华民国训政时期约法》《抗战建国纲领》中有关"民权保障及政治改善的问题"的规定后指出:"我们为推进民主政治,以加强抗战力量,加速建国成功,首先必须严密注意政府在事实上的措施是否符合于这类的规定,我们必须根据国民的立场,用种种方法督促这类规定的实行。这是国民的权利,也是国民的责任。在政府方面,对于国民的这种督察的态度,不但不可发生反感而且应该诚恳容纳,积极整顿。这样政府与人民共同努力,最低限度的民权得到切实的保障,然后才有发扬民力改善政治之可言。"

韬奋最后强调:"中国必然是要走上民主政治的康庄大道,这是无可怀疑的。我们必须认清中国民主政治的特点与切实执行的重要,群策群力,促其实现。"

实现并坚持抗日战争和争取国内政治民主是相辅相成、密不可分的。没有政治的进步和民众的觉悟,抗日战争的发动和胜利是不可能的。因此,韬奋始终把反对政治独裁和争取人民民主列为自己的主要任务之一。

三、注重反映民意

作为人民的新闻出版家,韬奋最关心的就是新闻出版事业的发展,为民众提供更多的精神食粮。1938年6月,韬奋以救国会领导人的身份,被国民党当局聘为国民参政会参政员。他在国民参政会第一次大会上,就提出了"具体规定检查书报标准并统一执行案",并获得了通过。这个提案反映了当时文化界的一个迫切要求。但是,1938年7月底,距国民参政会第一次大会闭幕不到半个月,国民党政府就组织了中央图书杂志审查委员会及地方的同类审查机关,并公布了《战时图书杂志原稿审查办法》和《修正抗战期间图书杂志审查标准》,反而加强了对抗战言论的控制。根据他们的规定,除了"本党及各级党政机关之出版物",都不能"免除原稿审查手续";"除自然科学应用科学之无关国防者,及大中小学与民众学校教科书外,原稿均须一律呈送所在地审查机关审查许可后,方准发行","凡政治经济哲学等社会科学以及文学,艺术的书都在内"。针对国民党的倒行逆施,韬奋接连在《全民抗战》上发表了《审查书报原稿的严重性》和《再论审查书报原稿的严重性》,对国民党政府压制言论自由表示强烈抗议。他明确表示,"采取审查原稿的办法,对于舆论的反映及文化的开展实有其莫大的妨碍","希望贤明的当局和热心舆论及文化事业的同胞们对此事加以严重的注意与慎重的考虑"。

韬奋认为,"试就舆论说,各国贤明的当局对于舆论都极重视","只须在宪法所允许的范围内,都予以自由发表言论的机会。假使一国总统阅览一国政府特派官员审查原稿以后的报纸,这已失去民间舆论反映的原来效用,而为不可思议的事情了"。"古人说防民之口甚于防川,宜于疏导而勿令溃决。民间的痛苦和要求,在最初也许听来不顺耳,但事实终是事实,掩饰不如补救,便可化大事为小事,化小事为无事","民间的悦服,有裨于抗战的进行,这种耳目作用于政府有利而无害是很显然的。我们所诚恳希望的是在三民主义最高原则下,予耳目以相当范围听视的自由,而不加以过于严苛的限制与束缚"。

从图书出版方面考虑,韬奋认为,"学术的研究与进步全靠有相当范围的思想自由。所谓相当范围,在中国今日是不违反三民主义和不妨碍抗战建国;只须不超出这个范围,政府应该准许人民有发表思想的自由,由此尽量发挥他们的创造性;尤其是关于精深学术的超卓著作,往往在初发明时,因为站在时代的最前线,有非寻常识见所尽能领会的,经过相当时期的争论与辩驳,真理因论辩而愈显,渐渐成为众所悦服的主张","关于图书要审查原稿,把思想自由的限度缩到过于严苛的地步,便使学术的研究与进步受到很大的障碍"。

因此,韬奋呼吁:"当局尽管依据标准检查已出版的书,如发现果有违反三民主义的原则,即依法处罚,不必因噎废食,使一切的书都须为着审查而陷入停顿的状态。在抗战期间,前方的战士与后方的大众,尤其是内地农村中的大众,都深刻地感到精神食粮的饥荒,所以我们对于精神食粮更需要加以积极的爱护,减除它在生产上及流通方面的困难,不但减除困难而已,更要进一步给与种种的便利。"

在国民参政会第二次大会上,刚从汉口转移到重庆的韬奋提出了"请撤销图书杂志原稿审查办法以充分反映舆论及保障出版自由案"。当时韬奋"还未认清'表面骨子脱节'的中国政治,以为提案如得通过,就有希望,所以用尽全副力量促成这个提案的'成功'"。每个提案原来只需 20 位参政员联署就够了。韬奋费了几天工夫奔走接洽,居然得到 74 位参政员的破记录的联署。这一提案在审查会及大会中都引起了非常激烈的辩论。韬奋虽然在审查会上极力争论,但"撤销"二字最终还是被改为"改善"二字。这就与韬奋提出原案时的精神完全不同了,等于推翻了整个提案。审查会的修正必须经大会通过,所以韬奋只能在大会上作最后的努力。在大会审查辩论时,当时在国民党中央党部主持审查工作的刘百闵说图书杂志原稿审查办法是王云五向政府提出的。韬奋感到此话不能相信,就立刻打电报到香港询问王云五(也是国民参政员,此次未到会)。在大会即将结束的最后几分钟,韬奋终于接到了王云五的回电:"图书杂志原稿审查,弟去年绝未向政府请求举办。""兹当交通梗滞之时,如欲审查原稿,更无异禁止一切新刊物,或使新刊物绝迹于内地,窒碍尤多,务望先生等坚持撤销。"韬奋接到了这个电报,立即在大会上公开宣布,又得到罗隆基、左舜生等人的桴鼓相应,恢复"撤销"字样,竟然以 75 票对 55 票的绝对多数得到了通过,震动了整个会场。

可是为了在提案的题目上有"撤销"两个字，曾闹了一个小小的笑话。在国民参政会第二次大会上，韬奋提出关于"撤销"图书杂志原稿审查办法的提案，有不少参加联署的参政员因此事受到国民党当局的严厉责备。所以这次有一个参政员在韬奋请他联署时，瞥见"撤销"两个字，如惊弓之鸟，变色大呼："不来！不来！又是什么撤销！你的撤销最可怕啊！"韬奋笑着说："不要怕，这个撤销不是那个撤销！"他还是固执地说："无论如何，别的可以，撤销绝对不来！"

在抗战期间人民群众需要大量精神食粮的时候，书报印刷品的寄费反而增加了好几倍。所以，韬奋在国民参政会第三次大会上就提出了撤销再增加这类寄费的提案。尽管提案经大会通过后送请国民政府采择施行，而在事实上总是永远留在纸面上。所以韬奋在要求"改善审查书报办法"之外，又附带要求"实行""撤销增加书报寄费"。

在国民参政会第四次大会上，韬奋提出了一个和要求实施宪政的提案相呼应的提案：改善审查搜查书报办法及实行撤销增加书报寄费，以解救出版界困难而加强抗战文化事业案。韬奋在这个提案里指出了审查书报和搜查书报各自存在的两大缺点，并提出了两项建议："（一）查禁书报必须由负责机关将理由通知出版者及著作人。如有不合审查标准之处，应给与出版者及著作人以申诉的机会。搜查时须出示负责机关之证明文件及公开颁布之查禁书单。对于未经查禁之书报不得任意取去，禁止阅看。（二）检查书报须有统一机关负责执行，且书报经过合法审查机关之许可通过,给与审查证或注册证后,须予统一的合法保障,各地不得再任意扣留没收。"

1941年1月11日,韬奋在《新华日报》三周岁纪念日发表了《领导与反映》,称赞这份"在民族解放神圣抗战的火焰中生长起来的"的报纸,"是全国精诚团结的最显著的一个象征"。"它在抗战三年来吸引着多数读者的宝爱,在种种极艰辛的情况下仍能发挥光大它的灿烂的成绩,也是由于它努力反映最大多数同胞在这个大时代的真正要求。这是《新华日报》以往成功的源泉,也是《新华日报》未来更大成功的基础。"他认为:"舆论机关的重要任务一方面在领导社会,一方面在能反映社会大众的公意,这两方面是要融会贯通、打成一片的。一个报纸对社会能引起领导的作用,绝对不是由于它要怎样便怎样,必须由于它能够灵敏地意识到社会大众的真正的要求,代表着社会大众的真正的利益,在这个立场上,教育大众,指导大众。"

韬奋特别强调:"这样的报纸才是进步的报纸,只有进步的报纸能引起领导的作用。在另一方面,只顾到少数人的利益,有意歪曲事实,胡说八道,那是开倒车的报纸,开倒车的报纸虽在形式上是舆论机关,在实际上已不能发生什么领导的作用。所以舆论机关能否负起它的领导的任务,全看它是站在进步的立场,还是站在开倒车的立场。站在进步的立场,虽在极艰苦的条件之下,仍光芒万丈,得到多数人的宝爱;站在开倒车的立场,即令在极优越的条件之下,仍黯然无光,使人漠然视之,甚至感到讨厌。"

四、与立信同行

《生活》周刊是韬奋主编时间最长的刊物，这一出版实践对韬奋的办刊理念、宗旨产生了深远影响。1927年潘序伦创建了潘序伦会计师事务所，由此拉开了"三位一体"立信会计事业的序幕。后来潘序伦取"民无信不立"之意，将事务所更名为立信会计师事务所。正因为潘序伦坚守诚信底线、不做假账，所以立信会计师事务所与许多著名企业和机构都有业务往来，而《生活》周刊社是其重要的合作伙伴之一。潘序伦会计师为《生活》周刊双十特刊实销十五万五千份证明书既为《生活》周刊的畅销提供了事实依据，也见证了《生活》周刊社与立信会计事业的共同成长。从该证明书的内容可以看出，其内容详尽，尽管数字庞大，但是每一项都精确到个位数。这一方面说明《生活》周刊社与立信会计师事务所的同仁都秉持严谨负责的职业态度，认真核实数据，不弄虚作假；另一方面也说明会计和审计工作虽然繁杂，但是从业人员必须追求精准，做到分毫不差。从一定程度上讲，诚实守信和严谨负责是《生活》周刊社与立信会计师事务所建立合作关系的基础。韬奋向来重视信誉，因此对于会计师的选择十分慎重。为了实现经济公开和建立完善的会计制度，选择"信誉卓著的会计师负责审查公布"无疑是重要前提和有效保障。因此，韬奋选择了在社会上有一定声望和信誉度的潘序伦及立信会计师事务所，由其负责查账并出具证明书。

潘序伦既是立信会计事业的奠基人，又是《生活》周刊的重要作者。同时，潘序伦还是《生活》周刊的重要支持者。对于"海内外各埠援助东北义军之捐款，总数当不下二三千万之巨"这一谣言，潘序伦十分愤慨，当即致电质询其论断之根据。为"维持一般社会之信用起见"，潘序伦及立信会计师事务所"力主清查，以昭实在"。经立信会计师事务所核查证实，《生活》周刊社经办捐款手续齐备，账目清楚无误。13 个经募单位共收到捐款502 万余元，援助东北义勇军 337 万余元，慰问一·二八抗战的19 路军和救济上海战区难民 165 万余元，全部账目收支清楚。潘序伦出具证明书，公诸社会。从这一事件可以看出，第一，《生活》周刊社与立信会计事业始终坚持服务社会和实事求是原则，尽管在前进的道路上可能会遭遇诽谤或污蔑，但只要自身能"行正道、做正事、为正人"，在铁的事实面前，清者自清。第二，不同的时代有不同的使命。守住一份事业，更多的是守初心。以家国情怀和赤诚之心守护一份事业，这份事业才能永葆生机。《生活》周刊社与立信会计事业的主持者心系抗日事业，从民族大义出发，他们相互支持，克服了重重困难。

在 20 世纪 40 年代初，一方面，生活书店面临着侵华日军轰炸和国民党当局的双重摧残，加之物价上涨、读者购买力下降，大批分支店被迫停止营业。在此背景下，生活书店将总管理处迁往香港，留在内地的，则采取分散经营、合作经营等新的经营方式；另一方面，在抗日战争期间，随着"全国之人力物力逐渐西移,学术文化亦随之而向内发展",西南大后方百端待举,急需培养一大批会计人才,而会计人才的培养离不开会计读物的供应。因此,潘序伦认为,创立一个出版机构,提供会计读物是"急切之先务也"。除了以上方面因素,生活书店同仁与潘序伦彼此信任,并在多年交往中结下了深厚的友谊,这也是重要因素之一。

在以上因素的综合推动下,立信会计图书用品社应运而生。1941年,生活书店和潘序伦在重庆集资成立了立信会计图书用品社,潘序伦任社长,徐伯昕任总经理,另由生活书店派诸度凝任经理;1942年,生活书店和潘序伦在桂林成立立信会计图书用品社桂林分社,负责人为邵公文、陈正为。《生活书店史稿》中关于生活书店和潘序伦合作经营单位的记载如下。

序号	单位名称	地点	合营者	成立时间	负责人
1	立信会计图书用品社	重庆	三店和潘序伦	1941—1945年	诸度凝
2	立信会计图书用品社	桂林	三店和潘序伦	1942—1944年	邵公文、陈正为

《立信月报》刊发的《立信会计图书用品社简史》一文也概述了会计图书用品社的创建历程,原文如下:

> 爰于民国三十年(1941年)夏,筹资六万元,组织股份有限公司,定名立信会计图书用品社,设总社于重庆,所以扩大出版计划,而专责成也。是年,续向商务增租立信会计丛书纸型,普遍印

行。……同年冬,为应外埠各地需要,特在桂林设立分社,并先后在成都、贵阳、昆明、西安等地设立特约经销处。……三十三年(1944年)秋季,在重庆市区自建三楼市房,专供发行之所用。并设总管理处于重庆小什字立信大楼,组织规模,至此粗具。乃未几日寇遽陷湘桂,桂林分社在匆忙中不及迁移,全部遭毁,损失至重。西南一带业务,亦几限于全部停顿。三十四年(1945年)八月,抗战胜利,复员开始,此时收复区域对于会计书籍之缺乏,正与曩时大后方相同,为亟谋补救起见,将总公司迁至上海,改重庆为分社,复在上海设立工厂,加紧生产……

《生活》周刊的最初宗旨是"暗示人生修养,唤起服务精神,力谋社会改造",而后随着民族危机的加深,其宗旨转为"抗日救亡,唤醒民众",生活书店最初是以"社员共同投资、工作,经营出版事业,促进文化生产为宗旨",而后以"促进文化、服务社会"为主旨。之所以从《生活》周刊的宗旨开始谈起,一方面是因为生活书店脱胎于《生活》周刊,也即在《生活》周刊社书报代办部的基础上建立起来的;另一方面是因为其宗旨是一脉相承的。

立信会计图书用品社成立后,以"发扬会计文化,供应会计食粮;沟通会计学术,制售会计工具"为宗旨。从立信会计图书用品社的宗旨可以看出,其一,它延续了生活书店"促进文化"的宗旨内容。其二,它凸显了会计特色。可以说,会计与诚信是立信会计图书用品社的底色。因此,该宗旨中"会计"一词出现的频次最高。其三,它与立信会计师事务所"向以服务社会职志,并以改革我国会计制度、促进工商各业为己任"的宗旨形成呼应。潘序伦一生致力于传播会计知识,发扬会计文化,沟通会计学术,促进会计发展,这也是其从事会计出版工作的初心。

生活书店的主要业务包括出版参考书籍,发行定期杂志,代办中外图书,经售各种刊物。《生活书店经售全国图书杂志章程》一文中提出,新书刊物的畅销,除了"赖乎内容精进,富有价值,借以获得读者之信任",还有一个不容忽视的方面是"适当之宣传,经售机关之选择"。为此,生活书店成立专门的部门,"冀为读书界与出版界尽沟通之职责,规定特约经销、代理发行、普通寄售等办法数种,随时编印《全国出版物目录汇编》《全国定期刊物一览》等推广书目及代理设计广告事务"。

立信会计图书用品社成立后,其主要业务包括"出版各种会计书籍,设计改良会计工具;总售立信会计月报,代办全国会计书刊;发行各种中西账册,承印各种账册单据;制销各种凭单表式,印销会计课题用纸"。通过比较生活书店与立信会计图书用品社的主要业务可以发现:第一,两者均涉及出版图书、代办书刊和销售刊物,在方向上具有高度一致性。第二,生活书店视野宏阔,业务范围广,而且形成了成熟稳健的经营之道;立信会计图书用品社的业务则更有针对性,主要服务会计领域的读者大众,根据自身特色和当时环境,在市场细分、目标市场选择和市场定位中探索出一条会计之路。潘序伦曾经提出:"俾国内会计事业,随文化学术之推进而臻于发扬光大,此本社之初志,亟愿国内会计学者、同业先进,有以辅助而砥砺之,则甚幸。""发扬会计学术,建立会计教育出版高地",始终是立信会计出版社的宗旨。① 韬奋与潘序伦同声相应、相互支持、共赴国难,为中国近现代出版业的发展作出了重要贡献。

---

① 本部分内容参考了由赵新民、彭秋龙撰写的《邹韬奋出版事业与立信会计事业之往来研究》一文。

第五章
与人民心连心

　　韬奋博古通今,学贯中西,兴趣十分广泛。纵观其一生,他坚持与时俱进的思想理念,坚持学习新思想,不断接受新观点,永远站在时代的前列。他认为:"必须同时顾到全国大多数人的文化食粮的需要,就是落伍群众的文化食粮的需要,我们也要尽心力使他们得到相当的满足,我们深信为着国家民族的利益,我们的任务是要使最大多数的同胞在文化水准方面能够逐渐提高与普及,这对于整个国力的提高是有着很大的效力。"在中华民族内忧外患交织的艰难时势中,韬奋以犀利的笔锋,怒斥敌寇,反对投降,主持正义,传播真理,为民族解放呐喊,为人民民主呼号,在中国人民苦苦求索的漫漫长夜里,成为一代青年认识社会、思考人生、追求进步的灯塔。

一、马克思主义世界观的逐步确立

韬奋的马克思主义世界观的逐步确立主要表现在以下几个方面。

第一,政治觉悟迅速提高。九一八事变发生后,韬奋结识了刚从国外归来不久的胡愈之。胡愈之是《东方杂志》小有名气的编辑。他经受了新文化思潮的洗礼,积极参加五卅工人运动,思想日趋激进。1927年蒋介石发动了四一二反革命政变。胡愈之目睹商务印书馆所在地宝山路上革命群众惨遭屠杀,血流遍地的情景,义愤填膺,当即起草了抗议书,和郑振铎等7人在《商报》上公开发表,谴责这一"率兽食人"的滔天罪行。1928年1月,胡愈之为了暂避国民党反动派的残酷迫害,以《东方杂志》驻欧洲特约记者身份到法国,1931年2月回国。在这三年期间,他认真而系统地阅读了不少马列原著,并利用假期到英国、比利时、瑞士等国进行实地考察,回国途中,又到德国、波兰、苏联作了访问。在对资本主义和社会主义都有了较深的了解后,他的思想发生了根本的转变,产生了一次飞跃,即开始由民主主义向共产主义转变。回国以后,胡愈之撰写了畅销一时的《莫斯科印象记》。韬奋读了这本比较系统介绍苏联的政治、经济和人民生活状况的著作,如获至宝,特意写了《读〈莫斯科印象记〉》,

在《生活》周刊上向读者介绍。他说："全书虽有151页,但以著者亲切有味的叙述,通畅流利的文笔,令人非终卷不能自休,看完时觉得没有这么多的页数似的。"10月初,韬奋在毕云程陪同下,到上海闸北宝山路东方图书馆拜访了胡愈之,向胡愈之提出了关于九一八事变后国内外形势的各种问题。胡愈之都作了详尽的回答和精辟的分析。两人志同道合、一见如故,足足谈了三个小时,大有相见恨晚之感。韬奋对胡愈之很钦佩,当场约他为《生活》周刊写稿。胡愈之欣然答应,很快写了一篇文章《一年来的国际》,评述了英、美、德等资本主义国家的经济危机,其内部及相互间的矛盾,介绍了苏联的建设成就,并且尖锐地指出:"假如我们的推断不错,1931年日本对我国东三省的强暴侵略行为,亦将成为第二次世界大战的序幕。"这样色彩鲜明的文章,在当时中苏断交、谈共色变的环境下发表,要冒一定的政治风险。韬奋把它一字不改地刊登在《生活》周刊当年的"国庆特刊"上。后来胡愈之回忆说:"从这开始,《生活》周刊逐渐改变了方向,关心和议论起国家民族的大事,使刊物和全国人民反蒋抗日的愿望一致起来,刊物更受到读者的欢迎。韬奋也从中受到教育和启示,以后《生活》周刊每期组稿都邀我参加研究。往往是在饭馆里几个人一起吃饭,同时就商谈下期刊物的内容,结果几乎每期总是确定以宣传抗日为主要宗旨。"

在胡愈之的帮助下,韬奋逐渐接受了马克思主义,政治觉悟迅速提高。当时,由于日本帝国主义的武装侵略,民族危机严重地压到中国人民的头上,蒋介石的不抵抗政策和广大人民群众要求抗日救亡的意志形成严重的对立。在这种形势下,韬奋对国民党反动派的认识有了根本的变化。他在 1931 年 11 月的一篇文章中指出，我们每天"看报之后，对于内政外交的种种消息，非廉耻丧尽心肝灭绝，不能不难过"。因此，他"大胆警告当局"，"政府所恃者不过几支枪杆子，民不畏死奈何以死惧之，民众为自己及卫护民族计，随时有爆发的机会，起来拼命"。韬奋这时候的想法代表了当时许多初步觉醒的人，他们开始看出，靠国民党的反动政府既不能解决个人问题，更不能解决整个民族的问题。但是到底出路在哪里，当然不是一下子就能看清楚的。

随着民族危机的不断加深，韬奋对国民党反动派的卖国本质有了进一步的认识。1932 年 6 月，广东军阀陈济棠全力以赴，动用了飞机大炮，陆海空一起出动打内战、争地盘。而在一•二八淞沪抗战时，陈济棠却听从蒋介石的命令，不去支援同日寇浴血奋战的 19 路军将士，而选择袖手旁观。为此，韬奋撰写了《劲儿多好！》一文，运用对比的方法，形象地揭露和讽刺了以蒋介石为代表的国民党新军阀在对外抗击日本帝国主义侵略时竟然无动于衷，而对于争夺个人的地盘权利的内战却"劲儿多好"的丑态。韬奋尖锐地指出，一•二八淞沪抗战时，"民众见敌机今天炸死我们人民多少，明天炸毁我们民屋多少，焦灼惶急，实非热锅上的蚂蚁所能比拟，希望有几架飞机出来抵他几阵，甚于大旱之望云霓，报上屡载将有广东飞机于何日何日可以到沪，我们民众伸长脖子望着，却始终未曾见过他们的影子。这次广东内战的情形却大大的不同"！陈济棠调拨新式战斗机共 11 架，"火速开赴前方，以便陆空军同时夹攻，较之上海抗日之仅有一小部分陆军而空军好像死光的现象，当然出色万分"！他愤怒指责了国民党新军阀"独对于民众所疾首痛心的为私人争权夺利的内战,劲儿再好没有,而对于民众所梦寐不忘的对外抗敌,却漠然无动于衷"。他认为,这是因为军阀们"所重的是个人的地盘权利",因此,"民众为着自身利益而反抗军阀混乱,反抗帝国主义的压榨,除非把政权和武力放在民众手中,或放在确能为民众奋斗的集团手中,绝对没有其他便宜的道路走"。

与此同时,韬奋开始系统地了解苏联、研究苏联、宣传苏联,对社会主义苏联的认识也不断提高。他很注意阅读中外出版的介绍苏联情况的书籍,对于当时苏联社会主义政治制度与经济建设、文化教育等各个方面都进行过研究,并且介绍给中国人民。后来韬奋不仅翻译出版了《革命文豪高尔基》一书,还在给高尔基的信中说,办《生活》周刊的目的,就是"在中国鼓吹社会主义,同情中国的苏维埃运动"。从1933年1月7日起,《生活》周刊系统地发表了一系列关于宣传社会主义,介绍辩证唯物主义与历史唯物主义的文章,从而成为宣传社会主义的活跃阵地。韬奋撰文热情赞扬列宁、斯大林和苏联共产党人的忘我工作精神和

《革命文豪高尔基》书影

俭朴生活，详细介绍苏联第一个五年计划的伟大成就，认为这只有"在社会主义制度下是可能的，但在资本主义制度下是不可能的"。他特别钦佩无产阶级的革命导师列宁"对于党内信仰摇动的分子之坚决的不肯迁就不肯妥协的精神"，并深刻地指出："理论彻底，策略准确，然后以排除万难坚定不移的勇气和精神向前干去，必有成功的一日；即最初同志尽少，这种坚如金硬如铁的同志，一个可抵十个百个，内在的力量是异常伟大的。"这反映出韬奋不仅对用马克思主义武装起来的共产党人的力量给予极高的评价，而且对革命的前途充满了信心。如果说对国民党蒋介石政府幻想的破灭，迫使韬奋不得不另找中国的出路，那么社会主义苏联的巩固和发展，恰好为他提供了一个生动的榜样，使他从实践上看到了中国的希望，明白了中国要得救，只有社会主义一条路可走。这些都促使他开始了从民主主义者向共产主义者的伟大转变。

第二，世界观发生显著变化。世界观的转变是一个根本的转变。九一八事变以后，韬奋在严酷的阶级斗争事实和中国革命实践的教育下，开始逐步接受马克思主义，政治觉悟迅速提高，开始了从民主主义者到共产主义者的伟大转变。这一转变主要表现为以下几点：

一是阶级和阶级斗争的观点逐渐明确。九一八事变以前，韬奋对于阶级的观点是模糊的，他曾经把中国资产阶级分为"虐待职工不顾人道的惨酷的资本家"和"优待职工热心群众利益的实业家"，对前者表示痛恨，对后者表示赞同。九一八事变以后，国际国内严酷的阶级斗争的事实教育了他，使他逐渐掌握了马克思主义的阶级斗争学说。他深刻地指出:"现在的社会问题,讲得简单些,无非少数享特权的人和大多数被掠夺的人彼此间的斗争。在少数享特权的人死死地把持着他们的特权,惟恐不保,这是必然的。"另外,他们"必是不到黄河心不死,非挣扎到最后一口气是不肯放手的"。因此,韬奋认为,要推翻剥削阶级的统治,就必须具有不怕牺牲的决心,"因为民族的生命和历史是很长的,我们要放大眼光,倘不幸而不得不为长时期而牺牲短时期,为多数人而牺牲少数人,虽欲避免而无法避免,只得放手做去,不应以短视的态度,姑息养痈,贻无穷的祸患于将来"。即使遇到"挫折"和"困难","不但不应引起颓废或悲观,反(而)应增强努力的勇气,增加猛进的速率"。

二是在中国革命的对象问题上,韬奋清楚地认识到帝国主义、军阀官僚、土豪劣绅是压在中国人民头上的大山。他尖锐地指出:"就压迫的力量而论,帝国主义当然是首屈一指,要推它坐第一把交椅,因为它不但能用飞机大炮直接置殖民地的民众于死地,同时还能叱咤风云似的,颐指气使着殖民地的军阀官僚们镇压殖民地的民众,动辄可以把他们捉将官里去,带上极重的脚镣,冤沉海底,哭诉无门。"可见,他已经看清了帝国主义和国内反动军阀的勾结,帝国主义是军阀的后台、主子,军阀是帝国主义的傀儡、走狗这一事实,完全认清了当时的中国革命的对象。这是韬奋在思想转变过程中的一个重要方面,他把帝国主义和反动军阀都作为中国革命的对象,与中国共产党的革命纲领是完全吻合的,表明了韬奋在中国革命这个极其重大的问题上已达到了马克思主义的高度。

韬奋不仅认清了中国革命的对象,而且对中国革命应该走什么样的道路,中国人民应该用什么样的手段才能摆脱三座大山的统治这样一个关乎革命成败的重大问题,也提出了马克思主义的真知灼见。他明确指出:"革命事业的最后手段当然要靠枪杆。"

三是对于社会主义必然代替资本主义这一历史发展的趋势,韬奋也逐渐有了认识。早在1931年10月,《生活》周刊就曾发表《世界的趋势和中国的前途》一文,文中指出:"世界的大势已经很是显明的正在一个转换时期,一方面资本主义已由极盛时期而渐趋于衰落,一方面社会主义的思想已深入于一部分人之脑筋而有渐渐发荣滋长的趋势。"到1932年1月,韬奋进一步认识到"剥削大多数民众以供少数特殊阶级享用的资本主义的社会制度终必崩溃……为大多数民众谋福利的社会主义的社会制度终必成立"。同年7月,他在《我们最近的趋向》一文中指出:"中国乃至全世界的乱源,都可归结于有榨取的阶级和被榨的阶级,有压迫的阶级和被压迫的阶级,要消灭这种不幸的现象,只有社会主义的一条路走。"从这里我们可以清楚地看到,韬奋已经基本上认识到社会主义制度代替资本主义制度是历史发展的必然趋势,基本上认识到只有社会主义才能救中国,这是韬奋在向共产主义者转变的过程中所迈出的重要一步。

综上所述,我们可以清楚地看到,1931年9月到1933年7月,是韬奋世界观发生显著变化的阶段。九一八事变以后,随着中国民族危机的日趋严重,中国共产党领导的抗日救亡运动日益高涨,韬奋对马克思主义的理解也逐步加深,他的社会历史观中的唯心主义观点日渐为唯物主义观点所代替,到1933年7月,韬奋对历史发展的趋势,对中国革命道路的认识,对人民群众的态度都已经达到或十分接近马克思主义的高度了。此时他所关注的是工农大众的彻底解放,他用以观察分析社会上各式各样意向的,主要是阶级的观点。从革命民主主义者发展成为共产主义战士,要经过量变到质变的过程,一旦量的积累达到一定程度,这种质的飞跃就成了不可阻挡的历史趋势,但究竟"飞跃"何时出现,则决定于导致转折的具体条件,而杨杏佛被害前后尖锐剧烈、风云突变的阶级斗争形势,恰好为韬奋思想上的这种飞跃创造了现实的条件,使他完成了这一伟大的转变,确立了马克思主义世界观。从此,韬奋作为一名共产主义战士,坚定地站在革命立场上,开始走上了一条新的道路。

第三,马克思主义世界观更成熟。1933 年 7 月 14 日,韬奋登上意大利邮船佛尔第号,离沪赴欧美考察。这是他一生中所

1933 年 7 月,韬奋(左二)出国,胡愈之(右三)、徐伯昕(左一)、沈粹缜(右一)相送

经历的第一次流亡生活。在欧美近两年的生活中,韬奋觉得伦敦的博物院图书馆是"最值得留恋的一个地方"。旅欧期间,韬奋就把这里作为自己的"家"。除了前往各国考察、游览外,他几乎所有的时间都是在这里刻苦攻读马列主义原著,"遇着自己认为可供参考的地方,几句或几段,随手把它写下来,渐渐地不自觉地积下了不少"。韬奋很欣赏孟子的名言:"颂其诗,读其书,不知其人,可乎?是以论其世也,是尚友也。"通过对马列主义理论全面、系统的学习和研究,他对无产阶级的革命导师产生了强烈的感情。他说:"革命的思想家的奋斗生活,常常能给我们以很深刻的'灵感'。我每想到卡尔和伊里奇的艰苦卓绝的精神,无时不'心向往之'。"他最喜欢诵读马克思的一首诗:

> 我永远不能冷静地做
> 那些以伟大力量抓住我心灵的事情;
> 在不断的不歇的奋斗里,
> 我必须向前努力和斗争。

他认为,这首诗"充满着迈进奋斗的英勇精神","这实在是卡尔一生的实践生活的象征"。

通过在欧美的考察、学习和研究,韬奋对于一些马克思主义的基本观点和中国革命的基本问题都有了新的更加深刻的认识,他的马克思主义世界观更为成熟,从而为他以后成为一名伟大的共产主义战士奠定了扎实的基础。

一是能够自觉运用阶级和阶级斗争的观点去观察、分析社会上的一切人和一切事。对于当时的社会存在着严重的阶级对立,韬奋已经有了充分的认识。他在经过当时还是英国殖民地的印度时写道:"我们经过一个美轮美奂的宏伟华厦的区域,开车的告诉我们说这是西人和本地富翁的住宅区域。不多时看到一个穷窟,一个小小的房间住十几个人,一切生活都在这龌龊不堪的小小房间内过着,这种命运当然只轮到本地土人和无产阶级。""这种畸形的状况能维持得久远吗?"到了欧洲,韬奋对于资本主义世界的贫富悬殊,两极分化看得更清楚了。他说:"我们在欧洲的所谓'列强'的国家里面所见的社会现象:一方面是少数人的穷奢极欲,生活异常阔绰;一方面是多数人的日趋贫乏,在饥饿线上滚!"至于造成这种贫富不均现象的原因是什么呢?对此韬奋也有深刻的认识。他尖锐地指出,那些失业无以为生的女工,"因受经济压迫而不得不以'皮肉'做'生产工具'","在表面上虽似乎没有什么人迫她们卖淫,尽可以强说是她们'自由'卖淫,实际还不是受着压迫——经济压迫——才干的?这也便是伪民主政治下的借来作欺骗幌子的一种实例"。这里,韬奋用十分生动而又有说服力的语言,揭露了资本主义制度下的不平等现象,说明了资本主义世界的某些所谓的繁华,与穷苦的劳动人民根本毫不相干,它们只是剥削者才能享用得到的东西。这就一语道破了资本主义社会的阶级实质,说明它的发展繁荣是建立在对劳动人民进行剥削压迫的基础之上的。

韬奋不仅看到了在资本主义社会里存在的严重阶级对立,即无产阶级和资产阶级之间的对立,而且认识到在这种贫富悬殊、两极分化的社会里,阶级斗争是不可避免的,是不以人们的意志为转移的。他引述列宁的观点说:"这个斗争不是由少数英雄对付若干个人的斗争,是一个阶层和另一个阶层的斗争。"韬奋还清楚地知道,剥削阶级是不会自动退出历史舞台的,因此他一再强调"革命是要用殷血抗争得来的"。对于当时的主要斗争目标,韬奋也是有清醒认识的。他明确指出,"我们的民族是受帝国主义压迫和剥削的民族。这个事实,想来谁都不能否认的。所以我们的出路,最重要的当然在努力于民族解放的斗争,这也是无疑义的。……如这民族能积极斗争,使帝国主义不得高枕而卧,无法麻醉本国的大众,由此促进世界人剥削人的制度的崩溃,不但获得民族自身的解放,同时也是有功于全人类福利的增进;这是我们对于民族的责任,同时也是对于世界的责任。"当时,王明的"左"倾机会主义错误,使中国革命遭到了重大的损失,红军被迫离开了革命根据地,进行两万五千里长征,革命和民族的危机达到了空前严重的地步,但是韬奋对革命的前途仍然充满了信心,他说:"在压迫革命的统治阶级,可谓尽惨酷的能事,但是革命的怒潮终于不能抑制,大众的潜力终能得到最后的胜利而解除他们的锁链,这是历史给予我们以无量勇气的铁一般的事实!"

二是基本掌握了无产阶级专政的理论。无产阶级专政是马克思主义的精髓,是马克思、恩格斯在参加革命实践中,总结了法国革命和巴黎公社的历史经验而提出来的光辉理论。列宁明确指出:"只有承认阶级斗争,同时也承认无产阶级专政的人,才是马克思主义者。"这时的韬奋就是一个不但承认阶级斗争,而且承认无产阶级专政的人。他努力奋斗的目标,就是促使无产阶级专政的社会的出现，以便过渡到人类最美好的共产主义社会。他对于科学社会主义的理论已有了深刻的认识，他说："苏联自己老实承认是无产阶级独裁的国家，这和西欧的实际为资产阶级独裁而偏要自谓是为全民谋利益的把戏，性质完全不同。""但是就社会主义的目的说，确是要造成一个没有阶级的社会。我们知道苏联是工人的国家，政权是以工人为中心的，这是因为工人在经济的背景上负有历史的使命，以无产阶级专政为过渡，达到没有阶级的社会。"他还强调，只有工人"是最富于革命性，对于旧制度是最无留恋的可能的"。可见，韬奋已充分认识到无产阶级是最革命的阶级，他们的斗争就是为了谋求全人类的解放，推翻资本主义制度，而且明确指出了只有通过无产阶级专政的社会主义社会，才能最终消灭阶级，实现无阶级的社会，也就是共产主义社会。

对于无产阶级专政下的民主和资产阶级假民主的本质区别，韬奋也是有深刻认识的。马克思主义者对于民主问题的考察，从来都是把民主问题同阶级斗争问题和国家政权问题紧密地联系在一起的。当时国内外的阶级敌人都攻击苏联没有言论自由，针对这种诬蔑，韬奋明确指出："从勤劳大众——以工人和农民为联合的中坚——看去，可以说有；从剥削阶级的余孽及其种种寄生虫——例如牧师、教士、帝俄时代做过秘密侦探及压迫革命的警察、官僚，以及反革命的知识分子等——看去，可以说没有。在苏联的当局以及从事新闻事业者，坦然承认无产阶级专政的过渡时代，还不能有完全的言论自由。完全的言论自由，须等到没有阶级的社会实现之后才能办到。在资本主义的国家和资本帝国主义所侵略的殖民地,只有少数人享到自由言论的权利,因为强有力的言论机关都在这少数人的掌握中,或至少是在这少数人威迫之下;在无产阶级专政的国家里,却有多数人享到自由言论的权利,因为强有力的言论机关都在这多数人为中坚的政权统辖之下。这两方面不同之点便是一方面是少数,一方面是多数。虽这两方面都不能说是'完全',但'多数'已比'少数'进一步,却是无疑的事实。"寥寥数语,不仅阐明了无产阶级专政下社会主义的充分民主,而且把资产阶级假民主的画皮剥得干干净净。这充分体现了掌握了无产阶级专政理论的韬奋对于民主的阶级性的深刻认识。

三是正确地理解了人民群众在历史上的作用。人民群众是历史的创造者,人民群众的生产斗争和阶级斗争,推动了历史的发展,创造了人类文化。马克思、恩格斯指出:"历史活动是群众的事业。"因此,是否正确地估计人民群众在历史上的作用,就成为历史唯物主义与唯心主义的分水岭。

九一八事变以后,韬奋在现实斗争的教育下,逐渐看到了人民群众的力量。在他出国考察以后,人民群众是历史的创造者这个观点就更鲜明了。他明确指出,"黑暗势力的劲敌是大众的意志","今后中国的一线希望,就系在天真朴实、敢作敢为的大众"! 对于无产阶级政党领导下的人民群众的力量,韬奋的认识就更为深刻了。他说:"十月革命的前后,沙皇的残暴军队和各帝国主义武力干涉的实力,都比革命所仅有的武力优越,但最后胜利终属革命方面。这是因为被压迫被剥削的大众在一个英勇斗争的领导力量之下,作殊死战,也就是因为有一个英勇斗争的,与大众立在一条战线的党领导着大众作殊死战,所以沙皇和各帝国主义终于莫奈他们何!"当时国内外阶级敌人对苏联的社会主义革命和建设的伟大成就进行大肆诬蔑和诽谤。韬奋列举了大量的事实,明确有力地驳斥了敌人的谎言,并且指出苏联之所以会取得成功,就是因为"苏联的政权是以勤劳大众为中心,他们的工厂也是以勤劳大众为中心,他们的建设,他们的奋斗,不是少数人的事情,是吸取着勤劳大众共同来参加的,这是最伟大的力量所从来"。从上述例子中,我们可以看到韬奋对人民群众在历史上的作用的理解,完全是历史唯物主义的。他的思想中的一个非常鲜明的特点是始终在探索革命的力量,并对被压迫者具有深厚的感情。他用历史唯物主义观点去观察事物,从而得出了"最伟大的莫过于大众的意志的力量"的结论。这充分说明了韬奋的世界观是马克思主义的。

四是对于社会主义制度和资本主义制度的本质区别也有了深刻的认识。韬奋所处的时代,正是中国屡受帝国主义侵略,中国社会沦为半殖民地半封建社会的时代。因此,以国家民族为己任的韬奋,很早就是一个反帝战士。在欧美考察的时候,他已经能够从时代的特点、两种社会制度的对立、资本主义的经济危机等方面,去分析帝国主义的侵略本性。他清楚地认识到"资本主义还在利用'剩余力量'挣扎生存","但是日渐衰退的趋向是已无可挽回的了"。这是因为"生产力的进步已和生产工具私有的社会制度不相容"。"要彻底解决这种'不相容'的问题,只有根本改造束缚这生产力的社会组织,代以为大众福利尽量利用进步生产力的社会组织。"因此,"生产工具必须社会化,即必须为社会所公有"。这里,韬奋深刻分析了资本主义的基本矛盾,明确指出了只有以社会主义的公有制代替资本主义的私有制,才能促进生产力的发展和社会的进步。

韬奋对于社会主义的认识是比较深刻的。他说,"社会主义社会的最重要的特点,是生产工具公有","所有利益归大众共同享受,不是由私人占为榨取剩余价值的工具","人剥削人的制度已根本不能存在了"。至于社会主义制度下工资的性质和决定工资的要素与资本主义国家有什么根本不同呢?韬奋认为:"在资本主义之下,所谓'工资劳动者'是本身没有生产工具而不得不把劳动力出卖给占有生产工具的人们;在苏联,国家是全体工人的组织,生产工具是为全体工人所公有,所以工人所受的工资所含的意义也有根本上的差异。可是在形式上,这两方面还有个易于混淆的疑点:那便是在别的国家里,工人所得的工资并非包括他的劳动的全部,而在苏联工人所得的工资也仅能包括他的劳动的一部分。但这在性质上却有很大的不同,因为在苏联,工人劳动的'未付的'部分并不归入别一阶级的手中,成为私人的'利润',却是由工人的国家用来发展有益勤劳大众的种种建设,终究的利益还是属于全体工人。""决定工资的要素也有根本上的不同。在资本主义制度之下,决定工资的要素是:用最小限度的工资使工人的劳动力能不断地从事工作,因此使'使用价值'能不断地创造出来,因为他的唯一目的只在榨取'利润'。在苏联是工人阶级统制工业,是为全体勤劳大众谋福利的,所以时在努力图谋工资的增加,使工人的生活和文化的水准逐渐提高。"此外,还"十分注意生产力的增加"。工资随生产力的增加而增加，工作时间却随生产力的增加而减少。

韬奋还大力歌颂了苏联在社会主义革命和社会主义建设中所取得的伟大成就，并对社会主义社会无限向往。他说："如中国有一天真实行了社会主义，或至少真向着了社会主义的大道上走，由大众化的国家办理这类大规模的文化事业，区区小子，得在这样的一个机关里竭尽其微力，尽我全部的生命在这里面，那真是此生的大快事、大幸事。"

二、同呼吸、共命运

韬奋始终坚持与党和人民同呼吸,与时代发展同步伐,具体体现在以下几个方面。

第一,传播中共抗日救国的声音。抗日战争全面爆发以后,中共根据抗战形势发展的需要,在延安创办了抗日军政大学、陕北公学等旨在培养抗日干部的学校。这些学校以官教兵、兵教官、兵教兵的教学方法,让学员学习国内外的形势、党的抗日民族统一战线政策、指导他们怎样组织、宣传民众进行抗日救亡运动等,以期通过短期培训,造就一批精干的抗日救亡人才。由于国民党统治区对陕甘宁边区的消息仍然实行封锁政策,广大群众不了解边区的教育情况,因此,许多读者写信给韬奋,要求给予介绍和指导。为了满足他们的要求,韬奋先后在《抗战》三日刊上刊登了抗日军政大学和陕北公学的招生广告,以及"边区实录"等通讯报道,在国民党统治区引起了很大的反响。延安成了许多青年向往的地方,他们纷纷结伴而行。有的还是家里唯一的儿子,为了抗日救国,他们不惜离家远行,从而形成了抗日军政大学和陕北公学额满的热烈场面。当时在上海《神州日报》工作的青年陆灏,就是在《抗战》三日刊的指引下去了延安,从而改变了他一生的命运。这位抗战时期参加革命的离休老干部,回顾当年奔赴抗日战场的经过时充满深情地说:"在中华民族生死存亡的关头,我们这一代有许多人投身抗日烽火,是因为韬奋先生传播了中国共产党抗日救国的声音,是他的爱国主义思想激励我去了延安,使我得到了新的生命!"

与此同时,上海、南京以及边远各省市的一些失学、失业青年,以及一部分在职青年,都受这股求学热潮影响,纷纷写信给八路军驻京办事处,要求了解详细情况。八路军驻京办事处在处理繁忙的公务之时,每天要抽空答复这类信件十余封。因此,他们和韬奋商量后决定,在《抗战》三日刊先后公开刊登了《第八路军驻京办事处来信》《陕北公学简章》《第八路军驻京办事处又来信》等,"以告有志投考抗大之革命青年"。韬奋还发表了《青年的求学狂》一文,充满热情地介绍了陕北公学的特点:"(一)课程内容切合于抗战时期的需要;(二)投考年龄展至35岁,使年长失学者也有机会;(三)兼顾'具有同等学历者',并不以文凭为绝对条件;(四)'一律免缴学费';(五)应非常时期的急切需要,毕业时期只由半年到两年;(六)毕业后得'介绍各地参加适当工作'。"他认为:"这些特点显然都是在他处不合理的教育所望尘莫及的。可见该校简章公布之后,得到许多青年的热烈响应,并不是偶然的。"很多有志青年看了有关报道和韬奋的热情介绍后,都积极报考陕北公学,投身到革命的大熔炉里锻炼,成为抗日战争的中坚力量。

第二,与最可敬佩的朋友周恩来肝胆相照。1938年2月下旬,韬奋在张仲实陪同下,到八路军汉口办事处访问了周恩来。他们一见如故,周恩来对韬奋说:"我们没有见面的时候已经是朋友,好朋友了。救国会的抗日主张,和我们是一致的,爱国七君子的节风,我是很佩服的。"他还称赞韬奋撰写的《萍踪忆语》是"关于美国的全貌,从来不曾看过有比这本书所搜集材料之亲切有味和内容丰富的"。周恩来爽朗亲切,诱导启发。他精辟的分析,透彻独到的见解,给韬奋留下了极深刻的印象。周恩来除了认真地听取韬奋对形势的看法和工作汇报,以及在大敌当前的情况下对今后工作的设想和安排,还非常仔细地问了文化界和一些爱国知识分子的情况。周恩来关切爱护地说:"爱国知识分子是我们国家的宝贝。你们二人都是知识分子,有知识,又很爱国,希望我们更密切地配合起来,团结更多的知识分子,一道走抗日救国的道路。"他还关切地询问了韬奋出狱后的身体和家庭情况,并语重心长地说:"现在,我们一起奋斗,以彻底打败日本帝国主义;将来,我们还要共同努力,以建设繁荣富强的新中国。抗日救国,少不了爱国知识分子的参加;建设社会主义新中国,更少不了爱国知识分子的参加嘛。"对于国民党反动派迫害爱国知识分子的罪恶行径,周恩来表现得怒不可遏,严厉进行斥责。他们时而哈哈大笑,时而神情严肃,充满激愤,无拘无束地谈了一个多钟头。临别时,周恩来紧握着韬奋的手,情深意切地说:"请你们记住,爱国知识分子是国家的宝贵财富,无论什么时候都需要。有什么要求,请随时提出来,我们共产党一定会尽可能地帮助解决。"韬奋希望周恩来方便时到生活书店指导工作,周恩来毫不犹豫地接受了这个请求。几天后,周恩来就为生活书店同仁作了题为"关于当前抗战形势和青年的任务"的报告。周恩来的热情真挚使韬奋深受感动。韬奋后来不止一次地说,

"周恩来先生的确是我的良师益友","是最可敬佩的朋友"。

不久,韬奋直接向周恩来提出了参加中国共产党的要求。周恩来亲切地回答说:"你现在以党外民主人士身份在国民党地区和国民党作政治斗争,比你以一个共产党员身份所起到的作用不一样,这是党需要你这样做的。"

此后,韬奋与周恩来的交往逐渐多了起来。有一段时间,周恩来几乎每周都到汉口中央银行楼上,同韬奋等各抗日党派的领导人共商国是,向他们介绍国共谈判的情况,分析政治形势,也听取他们对时局的意见。生活书店也经常邀请周恩来前来参加座谈会,作报告。每一次见面,彼此都是亲切坦诚,谈笑自如,他们的情谊也日渐深厚。凡是重大的行动,韬奋都向周恩来请示,由周恩来为之安排。

到了重庆以后,韬奋和周恩来的接触就更多了。韬奋经常去曾家岩50号八路军重庆办事处拜访周恩来,向他请教政治问题,并接受中共中央对国民党统治区文化工作的指示。有时周恩来也通过邓颖超约见韬奋和沈粹缜。韬奋对邓颖超也是非常敬重的。后来他在《抗战以来》一书中介绍中国共产党的七位参政员时说:"邓先生为周恩来先生的夫人,国语流利清晰,声如金石,坚锐明快,起立演说时,无论座位远近,字字打入每一个人的耳鼓。她是'女宾'中最令人注意的一位。"

有一次韬奋又向周恩来提出了加入中国共产党的请求。周恩来仍然要他以党外民主人士的身份在国民党统治区工作,并说:"目前党还是需要你这样做。"当时生活书店总管理处每月举行一次茶话会,韬奋也常请周恩来到会介绍政治军事形势,并亲自伴送周恩来离开会场。1939年6月9日,周恩来针对汉口、广州失陷后的形势,在重庆生活书店总管理处作了题为"抗战第二期的文化工作"的报告,使书店同仁及时地受到党的教育,听到党的声音,不断提高了自己的政治觉悟,增强了为革命做好本职工作的精神动力。据韬奋的次子邹竞蒙回忆,有一次韬奋发高烧,病得很厉害。周恩来获悉后,亲自前来探望。周恩来弯下腰,详细地询问了病情,并在床前坐了很久。皖南事变后,韬奋和家人先后离开了重庆。邹竞蒙在桂林和家人失去了联系,逃难回到了重庆,是周恩来把他安排在重庆的八路军办事处,后又亲自把他带到了延安。

对于生活书店的工作,周恩来是非常关心的。生活书店的老同志张锡荣回忆道:"1940年3月间,一位熟朋友秘密通知我,周恩来总理约我和李济安到曾家岩八路军办事处去谈话。我俩请了假,依约前往,上午9时前到达。周总理要我们汇报最近半年来生活书店的情况。当听到书店选举领导机构成员,青年人占多数,经验丰富的中年人占少数时,周总理详细问到落选人的姓名、职位和经历,对此好像有不同看法。邓颖超同志进来看我们,周总理立即介绍,我们含笑向邓大姐点头。她只说:'你们谈,我不打扰',就出去了。我们继续汇报。当谈到书店小青年热情很高,不满足于整理书籍、开发票等业务工作,很想离开书店到延安去时,周总理说:'生活书店的事业是整个进步文化事业的一部分,参加生活书店工作就是参加革命。你们要向青年人宣传这个道理,方式要巧妙,要暗示,使他们了解工作的意义。了解了,他们就安心了。'最后汇报到生活书店受国民党压迫的种种情况。周总理深思一会(儿),郑重地说:'可能还会出现更坏的局面,你们要有充分的准备。对国民党反共反人民的严重性要有足够的认识,否则就会吃大亏。书店应分一部分人带着纸型和书籍转到边区去,到敌后游击区去,在那里开展文化工作。留下的,也要将一部分人和财产分出去,采用各种可能的办法,建立第二道阵线,要隐秘,不露锋芒,长期埋伏,保存起来,等待有利的时机。这样,留下的只是一部分人,坚守少数重要的机构,在进一步恶化的局面到来时,可以减少损失。'最后说:'总之,革命的道路曲折,要根据具体情况保存自己,战胜敌人,讲究斗争艺术。'将到吃完饭的时候,周总理严肃地注视着我们,说了一句极其重要的话:'今后有什么事,你们随时可以来找我,如我不在,可找徐冰同志。'我们连声说:'好!好!'我们懂得周总理这句话的分量和意义,这就是我们与党中央取得经常的、直接的秘密联系,也就是周总理负责领导生活书店的工作。"

针对一些青年同志不安心在大后方工作,想要去延安的想法,周恩来特意约了生活书店党支部的负责人谈话,勉励支部同志要耐心在同仁中间做思想工作,要全力支持韬奋办好生活书店,在同事中间要讲团结。此后,更是把生活书店党支部从地方党领导改由中共中央南方局直接领导。

1941年2月的一天晚上,韬奋和沈粹缜一起到曾家岩50号看望周恩来。周恩来和邓颖超亲切地接待了他们。周恩来和韬奋走进里间谈话,邓颖超则陪着沈粹缜在外间会客室聊天。当时皖南事变发生不久,形势非常紧张。国民党反动派对进步文化事业进行残酷的摧残。生活书店仅留下重庆一个分店,其他地方的分店全都被封闭或限期停业。周恩来在这一紧急情况下,指示韬奋为维护进步文化事业,继续与国民党在文化战线上进行斗争,并在斗争中求发展,要求采取化整为零、多种形式,分一、二、三条战线的原则和办法分别部署。周恩来还指示生活书店总的领导机构迁往香港,对干部要隐蔽精干,保存力量。周恩来和韬奋商量了韬奋个人的去向问题以及今后如何继续斗争的问题。这是韬奋和周恩来最后的一次见面。后来韬奋说:"从武汉到重庆,直到我离开重庆到香港,其后,回到上海,转到解放区,我的一切工作和行动,都是在党和周恩来同志指示下进行的。"

第三,在苏北抗日根据地考察中加深对中共的认识。1942年11月22日,韬奋在中共上海地下组织的安排下,来到了向往已久的苏北抗日根据地。他们首先找到了如西县江安区的一个小村庄,大众书店同新四军苏中军区第三军分区的《江潮报》社这时正移驻在这里。40多年以后,当时在《江潮报》工作的徐中尼回忆起往事还是非常激动:"书店同志事先都不知道有谁要来,只见王兰芬挽着一位四五十岁戴眼镜的人的手臂,诸克跟随在侧,徐步走来。王兰芬欢叫着:'邹先生来看我们了!'大家简直不敢相信。韬奋同志激动地紧握同志们的手,说:'我回到家了。'从大后方转来的生活书店同志都像见到日夜想念中的久别的亲人一样,个个流出了热泪。"

驻在附近村庄的分区首长闻讯也赶来迎接。当时,敌情紧张,党中央和军部命令分区司令部为确保韬奋同志的安全,尽快派部队护送他到苏中军区司令部(当时在兴化一带)去。但书店的同志热情挽留他当夜在书店休息,韬奋恳切地辞谢了分区司令部的邀请,要同书店同志共叙离情。在这永铭不忘的晚上,韬奋不顾旅途劳顿,深情关切地询问了这些同志辗转到敌后的工作和生活。他说,这次他是路过苏中,想到军部同陈毅军长研究在华中敌后根据地开展文化事业。如果情况允许,他想再通过敌后根据地到延安去,拜访一直盼望能见到的毛主席。韬奋勉励书店同志:不管在敌后如何险恶艰难,一定要坚守岗位,决不能后退,党需要我们,敌后军民需要我们。

第二天晚上,韬奋不顾旅途疲劳,应同志们的要求,在军分区领导机关召开的欢迎晚会上,生动形象地介绍他在东江纵队的见闻。他还精辟地分析了时局,把中国的命运寄托在共产党和八路军、新四军身上。有人问到国民党蒋介石积极反共消极抗战,结局会不会投降日本?他回答说:"国民党蒋先生是很为难的,他挂着两块招牌,一块是三民主义,一块是抗战。两块招牌全丢了,他也就什么都完了!"一席话引起了群众会心的笑声。

定于26日出版的《江潮报》第92期正在编写。他们立即改排了版面,发了一条醒目的新闻,主题是"民主运动健将邹韬奋先生抵苏北",副题两行:"辗转经年备尝艰苦","欢迎会上畅论民主团结问题"。新闻匡了花边,标题旁配上了一幅韬奋的速写画像。这是徐中尼按照书刊上的照片,在蜡纸上描画的。寥寥数笔勾出了韬奋的风貌,很传神。

韬奋到达苏北后,不顾旅途疲劳和身体虚弱,立即下基层调查、访问。他对解放区的一切都有强烈的兴趣。他在新四军一师师部驻地东台县三仓河时,除了在当地进行了许多参观,还赶到东台东部沿海垦区,与垦区的干部、群众及各界人士进行了广泛的接触，考察了垦区的民兵、妇女、儿童等各项工作的开展情况，并参加了垦区的中小地主士绅座谈会。在这一系列的活动中，韬奋兴奋地看到，在被国民党蒋介石所诬蔑的"匪区"里，在被日本侵略者所宣称的"占领区"里，成千上万的人民群众在中国共产党的领导下，武装和组织了起来，进行着艰苦卓绝的抗战，从事着根据地的伟大建设事业，从而受到了极大的鼓舞。

韬奋非常注意解放区的民意机构建设。当新华社苏北分社记者戈扬前来采访韬奋时，韬奋却拿起了笔，要戈扬先介绍一下苏北的民主政治。戈扬介绍了1942年5月盐阜区召开各界座谈会的盛况，叙述了"三三制"民主政府产生的经过，描绘了盐阜区各界人士紧密合作团结抗日的情形。韬奋边听边记录。接着，戈扬又谈到了刚刚召开的盐阜区首届临时参议院大会：与会代表既有共产党人，也有国民党的地方官员；既有高级将领，也有普通士兵；既有腿带泥巴的农民，也有身穿长袍马褂的地主、绅士；既有信仰唯物主义的无神论者，也有佛教会的和尚、尼姑。穷人一扫过去的自卑，富人也失去了往日的威严，所有人均无高低贵贱之分，济济一堂，各抒己见，商讨民主与抗日的大计。韬奋听到这些时，脸上泛出喜悦的光彩，眼睛也亮了起来，记录的速度也加快了。有时戈扬讲快了，哪怕是一个极小的细节，韬奋也会连连摆手，非要听个明白不可。韬奋还对解放区的经济建设，分类进行了调查和访问，从农工商的从业者口中得到第一手的资料，然后再向其领导部门综合了解。这种上下结合的调查方法，在当时来说，确实是难能可贵的。

通过在苏北根据地的参观、考察，韬奋对于中国共产党及其领导下的军队有了更深刻的了解。他说:"过去十年来从事于民主运动,只是隔靴搔痒,今天才在实际中看到了真正的民主政治。"他对苏北根据地有两个最深刻的印象:"第一是共产党对于抗日民族统一战线的忠实,充分而周到地照顾各阶级、各阶层人民的利益,使全根据地人民紧密地团结起来,坚持了敌后抗战;第二是民主政治的实现和'三三制'的彻底执行,使民主政治真正成为人民大众自己的政治。"对于中国共产党领导下的武装斗争的重要性,韬奋也有了新的认识。他说:"这次来苏北,再次亲眼看到敌后的民主政治像一朵奇葩似的在强敌环伺、围攻下开放出来。"他认为:"只有在枪刺的保护之下,才能建立民主!"他列举了盐阜区反"扫荡"的事实,说明了盐阜区的民主政治在敌人的重兵"扫荡"下岿然不动的根本原因,就是因为盐阜区人民有了自己的军队和武装力量。他还决心写一本关于苏北的书。他觉得敌后抗日民主根据地是全国最模范最理想的地方,他所憧憬着的民主自由,在中国共产党领导下的敌后根据地实现了。他衷心地表示:"我看到了新中国的未来。因为新中国的雏形在东北、在苏北和其他一切根据地里形成了。"

韬奋在苏北根据地考察期间,一直在思考自己的信念并加以印证,遇到一人一事,都和自己的追求联系起来。当一直陪同他的中共苏中区委委员刘季平即将和他分别时,韬奋再次郑重而恳切地表示:"我曾经向周恩来同志提出过要求加入中国共产党。周恩来同志回答说,'你现在以党外人士的身份同国民党斗争,比一个共产党员的身份作用更大。'现在我已经不能在国民党统治区公开露面,这样的时期已经过去。我希望同意我入党。"

韬奋到达根据地以后,总是以一个普通战士的身份要求自己,决不搞任何特殊化。据苏中行政公署主任管文蔚回忆:"韬奋到苏中时,日军八月大'扫荡'已过去。我较长时间移动作战,已相当疲惫。那时,我暂住一士绅家里。早早睡了,睡得很沉。次日清早起来,发现我房里地板上睡着一个人。咦,怎么这人睡到我屋子里来了?我心里很诧异。这时睡在地板上的那人已坐了起来,微笑着向我打招呼,说:'我姓邹,邹恩润。''就是邹韬奋。'我听说他就是邹韬奋,连忙起床和他热烈握手,并带些歉意说:'实在对不起,我一点不知道你这样快到这里,要知你昨晚就来,我无论如何忙,也要来接你。'我问他:'什么时候到的?''大约是子夜12时。'警卫员在旁插嘴说:'邹先生无论如何不许我叫醒你,叫我悄悄地在地板上打一个铺。'……我命警卫员在我房里另加一张床。早饭后他又上床睡了两个小时。"

在南通县骑岸镇时,物质条件比较艰苦。韬奋为了锻炼自己,一切都是按照战争的要求进行安排。当时他住在苏中行政公署文化处的办公室里,布置得像战士的营房一样简单朴素。一张门板搭的床上放着一个行军包;一张旧的小方桌上放了几本书和日记本以及一些稿纸。韬奋白天出去考察、演讲,晚上在黄豆般的灯光下埋头写作。别人劝他休息,他说心里话很多,应该向群众倾吐出来,才能轻松。他曾风趣地说:"在国统区,宪法许给人们许多空头自由,其实连说话的自由也被特务的手枪夺走了。现在来到抗日民主根据地,我可以自由地说话了。"

作为一个新闻工作者,韬奋始终将自己的敏锐目光投向社会最大多数民众的命运,与人民同呼吸。他不仅仅停留在观察层面,而是作为社会主流中最积极的一员,将个人的人性光芒在革命洪流中光大至极,成为一名勇敢的革命实践者。当时的苏北正处于敌我"拉锯"正酣,斗争异常激烈之际,韬奋不顾个人安危,忍着身体巨大的病痛,奔波于敌人眼皮底下,宣扬革命,鼓舞民众,坚定士气。

由于长期的劳累,韬奋的自身免疫力已下降了许多。病魔向他挑战,并发出警告。发病时,韬奋耳朵疼痛。为了不影响工作,他就服药忍痛。南通县通西行署负责同志设法请来了沦陷区的袁志明医师替他诊治。韬奋当场作诗并书写成条幅赠给袁志明医师,勉励他洁身自好,坚持民族气节:

> 垢尘不污玉,灵凤不啄膻。
> 呜呼陶靖节,生彼晋宋间。
> 心实有所守,口终不能言。
> 永惟孤竹子,拂衣首阳山。
> 夷齐各一身,穷饿未为难。
>
> 　　　　志明医师属书
> 　　　　　韬　奋

特别令人感动的是,韬奋不顾病痛,不顾危险,主动要求到靠近敌占区的边沿地区向群众演讲。他要以演讲为武器,用自己的满腔热血,去唤醒边沿地区群众的爱国心,鼓舞他们的抗日斗志,给那里的群众留下了深刻的印象。有时演讲结束时,许多与会者递上日记本,请他题词签名。他总是取下挂在衣襟上的钢笔，一一题签，有的写着"加强团结，推进民主，争取抗战最后胜利"；有的写上"努力学习，不断进步"；等等。他一边写，一边还和要求题签的人交谈几句。亲切的语句、慈祥的神态，使大家都感到和韬奋相处的时间太短了。当他在苏中三分区的滨江中学演讲时，该校的音乐教师叶健特意谱写了一首歌曲《韬奋先生，我们欢迎您！》。歌词写道："我们欢迎邹韬奋先生，慰问先生的疲劳，热望先生给我们指教。"

1942年12月26日，韬奋应邀到温家桥南通县中作了题为"团结抗日的形势"的演讲，会场挤得水泄不通，连附近的麦田、教室前的走廊都站满了人。不少人是赶了几十里路来的，有的还是专程从敌占区机警地通过敌人的封锁线偷偷跑来的。多少双深情的眼睛热切地盼望着这位民主战士的来临。韬奋穿着新四军的蓝色大衣，在春雷般的掌声中登上讲台。他虽然经过了长途跋涉，又患有严重的耳疾，面容显得比过去瘦削些，但仍是那样神采奕奕。他分析了当时的国内外形势，揭露了"大后方"的黑暗情景，也谈到了对根据地的观感。他谦虚地说："我到根据地来不久，对一切都很生疏，正像一个刚进学校的小学生一样，懂得的东西是很肤浅的，然而使我感奋的是我从事民族解放、民主政治和进步的文化事业，虽然有了20多年，可是看到真正的民主政治和进步文化，还在今天开始。"会场的气氛非常活跃。有的插话提问，有的递纸条请他解答。韬奋都是当场宣读纸条，逐个回答，语调诙谐，妙趣横生，会场上时而迸发出欢快的笑声，时而伴夹着阵阵掌声，宛如一场热烈的记者招待会。他在演讲结束时打着生动的比方说："抗战已到了恭贺新禧的阶段。

我目睹中国人民的伟大斗争,使我看到新中国的光明已经在望了。努力吧!我向大家恭贺新禧!"像他写的文章一样,他的演讲同样热情奔放,气势磅礴,字字珠玑,爱憎分明;仿佛是一盏明灯,照亮了爱国青年前进的方向。演讲结束后,几位青年学生请韬奋题词留念,其中马家齐同学至今还保存着当年的题词:"从实践中体验的知识是最可宝贵的知识。"

这时,耳病正在不停地折磨着韬奋。演讲时,由于疼痛难忍,他只能一直用手紧摁耳朵。就在那天晚上,耳病再次作祟,像针刺一样痛。但他还是不停地在一间小屋里准备明天开座谈会的发言稿,时而托腮凝思,时而奋笔疾书,时而抚摸痛处,时而来回踱步。有人劝他休息,他坚持要写。他说他心里有很多话,要向人民讲出来。后来学校出面,从敌占区请来了一位医生,给他打了止痛针,才使他在油灯相伴下,度过了这一夜。

第四,来自陈毅的关爱与钦慕。 韬奋在苏北抗日根据地受到新四军广大指战员的热烈欢迎。粟裕、黄克诚、陈丕显、管文蔚、张爱萍、叶飞等新四军领导人都前去看望他,亲自安排他的行程,让他在解放区好好休养。韬奋刚刚到达新四军一师师部时,陈毅代军长就打来电报,要保证他的安全,并希望在盐城地区新四军军部会见韬奋,共商如何在华中广大解放区开展文化事业。韬奋来到新四军三师师部时,正值严寒侵袭,陈毅特地让人缝制了一件崭新的羊皮袍送给韬奋。韬奋到达盐阜区时,陈毅正好到新四军四师视察,接着又启程前往延安出席中共七大,因此两人没有见上面。但他们彼此敬佩,互致书信,确如故交,情谊至深。韬奋在南通考察时,给几个新识的朋友写了四幅字,

热爱人民
邹韬奋的为民情怀

两幅是文天祥的,一幅是陶渊明的,还有一幅他特意写了陈毅将军的一首诗《卫岗初战》:"故国旌旗到江南,夜半惊呼①敌胆寒。镇江城下初遭遇,脱手斩得小楼兰。"韬奋以此表示他对陈毅的崇敬之心。韬奋边写边说:"血写的光辉战史,不是我用书法可能表达万一的。"

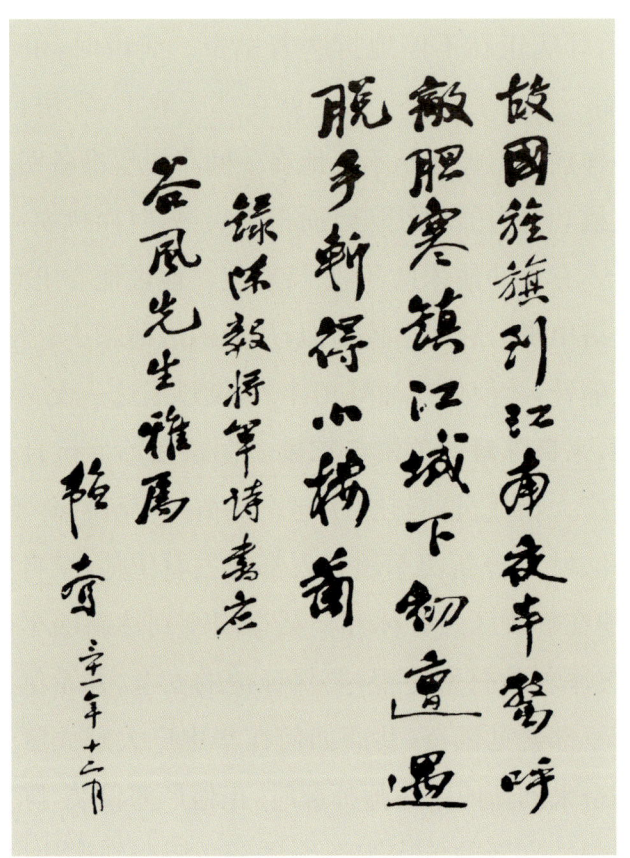

1942年12月,韬奋为刘谷风书陈毅将军诗《卫岗初战》

---

① 有版本为"终夜喧呼"。

在苏北根据地期间,韬奋亲眼看到了反"扫荡"过程中解放区军民的合作情况,从而对中国共产党有了更进一步的认识。他在给陈毅的信中说,"我真正地了解了共产党的统一战线决不是只有形式的寒暄请客,而是和各阶层人民结成了生死之交","这是共产党的伟大成功"。苏北抗日根据地的军民给韬奋留下了难忘的印象。1943年7月,陈毅在《新四军在华中》一文中有一节专门提到韬奋的苏中之行,称他的意见是"公正之判词,当为国人所共鉴"。

韬奋在新四军三师师部驻地期间,耳疾又加重,当地医生认为不是中耳炎,很可能是不治之症,应该迅速转地治疗,不能耽误。为了确保韬奋的生命安全,并及时得到治疗,陈毅果断地做出"速派同志重新护送韬奋回上海治病"的决定,并让新四军一师副师长兼当地地委书记叶飞安排人护送。

三、为进步文化事业努力

韬奋的一生,是为进步文化事业奋斗的一生。即使是身患重疾,在人生的最后阶段,他也心系国事,"鞠躬尽瘁,死而后已"。他的精神值得继承和发扬。

第一,在与病魔作斗争中坚持写作。韬奋去苏北解放区之前,耳朵疼,被诊断为中耳炎,他也不在意。后来他的耳朵出血了,而且越来越疼。1943年2月,韬奋从华中抗日根据地回到了上海。他再次来到法租界辣斐德路东升里1号,找到了陈其襄。陈其襄和张锡荣、张又新等生活书店的同事,根据党的指示作了周密的考虑和布置,决定要不惜代价,使韬奋在绝对安全、绝对不能暴露的条件下得到最好最及时的治疗。当时韬奋夫人沈粹缜还在内地,他们就找到了韬奋的二妹邹恩俊。邹恩俊是一位医药化验师,有一定的医学知识,也认识不少医生。经过商量,他们决定先请曾耀仲医生为韬奋检查。曾耀仲约请了医务界的几个朋友给韬奋会诊,确诊是中耳炎发展成中耳癌,必须手术治疗。

不久,张锡荣花钱在杭州搞到一张"良民证",韬奋化名"李晋卿"住进中国红十字会第一医院(现华山医院)的特等病房,请著名耳鼻喉科专家穆瑞芬医师主持手术。陈其襄以德和企业公司经理的公开身份出面担保,并和妻子陈云霞一起到医院照料。邹恩俊则隐瞒了年龄,以晚辈表亲的身份,陪伴侍候韬奋。后来她回忆道:"那时,我一方面为照顾大哥而到处奔走,一方面又要防备被日本鬼子和汉奸知道,设法做些掩护大哥的工作。当时我受到大哥的影响很深,对国民党产生了极端的仇恨,激起了我对革命的热情,对共产党也有了进一步的认识。"当时韬奋的身体非常虚弱,需要增加一些营养,休养一段时间,才能动手术。他们就经常烧一些富有营养的菜肴送来,并想方设法变换口味,尽量让韬奋多吃一些。韬奋曾多次对陈其襄说:"我很清楚你这样关心照顾我,不是一般的朋友关系,也不是出于同在生活书店工作的上下级关系,而是世界上最珍贵最高尚的同志间的革命情谊。"

功夫不负有心人。经过两个多月的调养,韬奋的身体状况有了一些好转,脸色也有些红润了。到了5月,穆瑞芬医师给他动了手术。事后,穆瑞芬在他们医院的会议上报告说,这是一个非常困难的手术,患部的神经和其他结构都很复杂,现在是否还有癌细胞遗留在里面,或者不小心使得神经受到损坏,实在没有把握。

手术以后,韬奋时常发出痛苦的呻吟声,过了两三天,才能喝一些流汁。静养了大约一个月,体力才逐渐恢复,创口也长好了,只是右耳朵里还有脓水流出来,右鼻孔也时常被堵塞,要用"鼻通"一类的药水滴入,才能畅通。

由于手术中损伤了颌面部的神经,韬奋的半边脸有点歪了。他经常照着镜子,用诙谐的口吻说:"这倒好,使别人更不容易认出我来了。"最为痛苦的是,癌症手术后的放射治疗,对人的损伤是很大的。韬奋每做一次,即呕吐不止。他以坚强的毅力忍受着,坚持治疗。

这时韬奋的长子邹嘉骅、夫人沈粹缜先后来到上海。邹嘉骅住在蒲石路二姑家里(现长乐路786号),一边到医院照顾父亲,一边在附近的大成中学继续上高中。沈粹缜则全天在医院里陪伴丈夫。

当沈粹缜得知丈夫病重的消息,她心急如焚,恨不得一下飞到丈夫的身边。她踏进病房,看到丈夫消瘦的脸庞,见到丈夫身上盖着一床薄棉被,透过被子可以感受到丈夫的身子骨。韬奋整个人都快被消耗光了,沈粹缜的眼泪止不住地往下流。她疾步上前,握住丈夫枯瘦的手,轻声地说:"我来了,我来了,一切都会好的。"韬奋深情地望着妻子,露出笑容,想用手抹去爱妻的泪。沈粹缜赶紧自己用手擦去泪水。

想当年,韬奋在上海,沈粹缜在苏州,他们是通过中华职业教育社的同事杨卫玉介绍认识的。韬奋坐火车到苏州相亲,在留园(另一种说法是在昆山火车站,待考),两个年轻人初次见面。一个是温柔的苏州女子,一个是英俊多才的小伙子,两人一见钟情。

回上海后,韬奋从上海寄去一封封滚烫的情书,一会儿用沪语,一会儿用苏州话,看得姑娘一头雾水。虽然沈粹缜有时候看不懂啥意思,但主旋律一定是明白的。最后,韬奋说出了自己的心声。

放疗进行了几个星期,韬奋的右太阳穴和右颊又开始剧痛了。这是残留的癌细胞再次发展而引起的。医生给他试用了一些麻醉剂,并让他用冰袋进行冷敷,从而稍稍减轻了一些痛苦。

然而,随着时间的推移,韬奋右边脸部的疼痛日益加剧。发作的时候,睡也不好,坐也不好,韬奋经常从床上爬到地上,双手捧着头,转侧起伏,连滚带爬,面部肌肉不停地抽搐着,眼泪即时夺眶而出。此时,韬奋的病情日益恶化,一只眼睛已经失明,鼻孔里流出浓水。细心的妻子沈粹缜用棉签一点点给他擦干净。

一天,刚从桂林来到上海的生活书店负责人徐伯昕特意到医院去看望韬奋。老友重逢,分外亲热。正当他俩在谈话的时候,韬奋突然对徐伯昕说:"我又要痛了,你不要怕!"顿时,韬奋痛得在地板上爬,眼泪簌簌地流下来。痛过之后,他对徐伯昕说:"我的眼泪并不是软弱的表示,也不是悲观。我对任何事情从来不悲观。我只是痛到最最不能忍受的时候,用眼泪来同病痛作斗争!"在同疾病的斗争中,韬奋的毅力是多么的坚强啊!

至1943年9月,韬奋在中国红十字第一医院已经住了半年有余,为了避免引起敌伪的注意,便转移到格罗希路上的格罗疗养院(后改名剑桥医院,现延庆路18弄10号)继续治疗。这是戴笠亲信丁伯雄开的一家私人小医院,只有20张病床,不容易引起敌人的注意。这时韬奋的病情又有了新的变化,癌细胞已转移到脑部,并向下扩散,每天头痛不止,只能靠注射杜冷丁度日。

11月间,敌伪已风闻韬奋在上海治病,照料他的曾耀仲医生也被三番两次传讯。韬奋只好从格罗疗养院搬到海格路善钟路口的瞿直甫医院(现华山路常熟路口的华山路第五小学),

不久又从瞿直甫医院搬到静安寺附近的德济医院(现和平路15号)。

1944年1月,韬奋的病情又发生了第二次变化,右面的下颚和颈部发现红肿,呼吸不畅,饮食难以下咽。经医生用消肿消炎的药物治疗了一周,才趋缓解。由于病势稍稍平稳,长时间的病房生活使韬奋感到枯燥乏味,同事们劝他随便写一点东西来调剂一下。他欣然接受了这个建议,开始将自己一生中经历过的尚未发表的事情写出来,这就是《患难余生记》。韬奋是有话要说的,国民党迫害生活书店的这口气他咽不下去,那些经历忘不掉。他要公开控诉,而写文章对他来说是一种解脱,可以转移他的注意力。每天早餐后,他就催着家人替他把小木桌放到床上,然后就拥被而坐,开始伏在案上写作。护士走进来,他立即用书把稿纸遮掩住。他的右眼用纱布和赛璐璐片遮着,鼻梁上架着一副眼镜,全神贯注地写,不觉手酸,也忘了病痛,天黑了也不肯停笔,甚至晚饭后在电灯光下还要再写一会儿,最多的时候,一天竟然写了5 000多字。为了书写方便,他没有像往常那样使用毛笔,而是用钢笔直接写在200格的稿

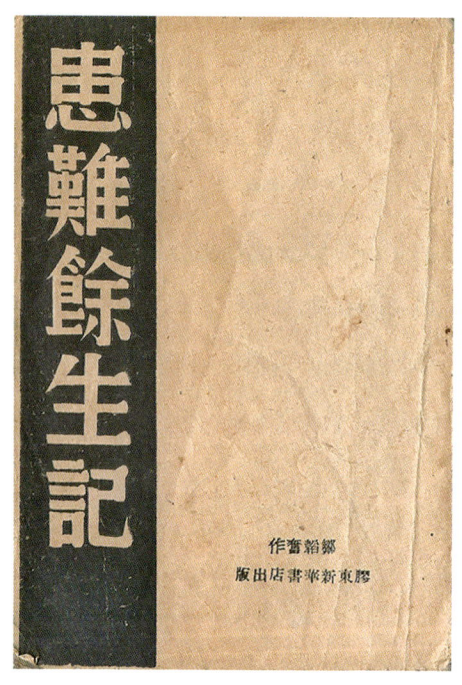

《患难余生记》书影

纸上。有时他一面写,一面痛得发抖,眼泪直流。沈粹缜劝他休息一下再写,他固执地回答:"不,我要尽快把心里要说的话全部写出来,供到读者的面前。"他是在尽量争取时间,"能写多少是多少,写一些是一些",直到体力实在不能支撑了,才停下笔来!在不到一个月的时间里,他全凭自己的记忆,共写了5万多字。

韬奋在《患难余生记》的第一章"流亡"的开头写道:"这本书是在流亡的病苦中写的,所以我首先想略谈流亡。我这个人就表面上看来,好像是很富于流动性似的,好像是很好动似的。第一次流亡在1933年,从上海做出发点,由大西洋流动出去,于1935年由太平洋流动回来,在地球上刚刚环绕一周,流动了这么大的一个圈子!随后10年来,除和几位救国会的同志在苏州略尝铁窗风味不能算流亡外,有第二次流亡,第三次流亡,第四次流亡,第五次流亡,第六次流亡!好像我乐此不疲似的!流亡包含流动,在实际上我很怕流动。……但是为职务上所需要时却也不辞跋涉,至于万不得已而不得不流亡,那更含有比较重要的意义,和寻常职务上所需要的流动不能相提并论的了。"这一章他扼要叙述了前三次流亡的"前因后果"。

在第二章"离渝前的政治形势"中,韬奋主要分析了他"第四次流亡前夕的政治形势和由政治'曲线'下降而影响于进步文化的情形"。他认为:"文化政策是整个政治政策的一个重要部分。进步的政治政策才能产生进步的文化政策,也只有进步的文化政策,才能与进步的政治政策相配合;就文化政策的伟大效能而论,我们也可以说进步的文化政策是进步的政治政策的先导,是进步的政治政策所以成功的一个要素。顽固派反动派所以痛恨进步文化,也因为进步文化与他们的顽固派反动派政治政策不相容,是他们的顽固的反动的政治政策的莫大障碍,所以必欲置之死地而后快,摧残蹂躏,不遗余力。在政治'逆流'的漩涡中,文化摩擦所以发生,进步文化所以遭到空前的灾难,根本原因也就在此。"他坚定地表示:"我们为着国家民族的光明前途,必须始终坚守进步文化的岗位,与黑暗势力奋斗到底。"

在第三章"进步文化的遭难"中,韬奋首先阐述了什么是进步文化,进步文化和倒退文化有什么区别,黑暗势力为什么要残酷地摧残进步文化。他认为:"进步文化须与中国当前的进步时代的实际需要相配合;中国当前进步时代的实际需要,最扼要地说来是团结,抗战,和民主,所以拥护团结,抗战,和民主的文化是进步文化,反对或破坏团结,抗战,和民主的文化是倒退文化。……倒退文化和进步文化竞争,结果必然是要着着失败,顽固派反动派不自反省其失败之所由来,而徒怀恨于进步文化的突飞猛进,以为他们之所以着着失败,是进步文化做了他们的障碍,于是发生一种幻想,以为只须用全力消灭进步文化,便可达到他们'唯我独尊'的目的,从此可以高枕而卧,从心所欲了。由于这种幻想所生的结果,便是压迫进步文化摧残进步文化,于是才有进步文化遭难的不幸现象。"随后,他以极其愤怒的心情,揭露了国民党反动派对生活书店的残酷迫害,并尖锐地指出:"我们四五百同事和无数进步作家及热心读者在十六七年的长时期中所培植的进步文化基础,由于顽固派反动派的嫉视,嗾使各地党部凭借暴力(原来应该以法保障人民的警察或军事机关),在短短几个月的时间,违法摧残,任意蹂躏,这不仅是一个进步文化机关的不幸,也是中国政治史上文化史上最污秽的一页!"他坚定地表示:"生活书店虽是由内部工作同志公推一人在政府经济部注册的商业机关,而内部的组织在实际上是采用合作社的原则,内部的管理是采用民主集中的原则,全体工作同志是受着他们自己所选举出来的理事会的集体的领导,我是全体同志所选举出来的理事会主席,我对于这部分进步文化事业的总的责任是应该忠诚担负起来的,所以我现在尽管在流离颠沛,病体危殆,九死一生之中,我只须一息尚存,必须秉笔直书,将顽固派反动派违法摧残进步文化的残酷而卑鄙的手段呈诉于海内外公正同胞之前,并把他们的罪状宣告于天下后世。"他还呼吁"国民党中脑子比较清楚对于中山先生遗教真正忠实的人赶快反省,采用进步的政策,不要纵任顽固派反动派横行无忌,丧失国民党所应有的光明前途"。

不幸的是,《患难余生记》的第三章还没有写完,韬奋就因病势加重而无法再写下去了。按原计划,他还要写《苏北观感录》和《各国民主运动史》,他对沈粹缜说:"我虽在病中,也还一定要写。要把我这次看到的这么许多好的东西都写出来。把解放区的真实情况介绍给千百万读者,让他们看到那里是我们新中国的希望!"

第二,对国事的最后呼吁。 1943年10月的一天,徐伯昕见韬奋的精神好些,就向他谈了生活书店在内地的工作化整为零以后的部署情况。韬奋听了高兴地说,他20多年的奋斗,自信对社会不无贡献,希望病愈之后,再和大家一起继续努力二三十年。第一,他要恢复生活书店;第二,他想为失学青年办一个图书馆;

第三，他要办一个日报，以遂夙愿。

韬奋虽然躺在床上，病魔缠身，但仍心系国事。老同事去看他时，他常有所议论。这时，国民党正在西北调兵遣将，准备大举进攻陕甘宁边区。韬奋听了非常气愤，于10月23日把一些经过反复思考的问题口述出来，请在场的同事帮他记录。这就是他生前最后一次的《对国事的呼吁》。他首先指出，"当这民族的苦难快到尽头，光明的胜利临到面前的时候，国民党内反动派却变本加厉，策动对日妥协，调回大军，围攻陕甘宁边区及其他抗日民主根据地的阴谋，内战危机系于一发"。这"实是危害国家，荼毒人民的滔天罪行。我们必须以全国人民的力量，全国舆论的力量，全国抗日党派的力量，以及海外数千万华侨的力量，共同揭露国民党内反动派的这种阴谋，坚持团结，坚持抗战到底"。他再次呼吁："国民党必须诚意取消一党专政，诚意接受各抗日党派共同抗日，共同建国的原则，否则一切都是空话。"他最后说："我个人的安危早置度外，但我心怀祖国，眷念同胞，苦思焦虑，中夜彷徨，心所谓危，不敢不告。故强支病体，以最沉痛迫切的心情，提出几个当前最严重的问题，对海内外同胞作最诚挚恳切的呼吁，希望共同奋起，各尽所能，挽此危机，保卫祖国。"口述完毕，他伏在床上，就着床前放着的椅子，用毛笔写了他这篇文章的最后一节。他的字迹还是那样清秀，但笔力已不像平日那样劲健了。

同年10月，中共中央华中局根据党中央的指示，派华中银行副行长徐雪寒去上海探望韬奋的病情，向他表示慰问并赠送医药费用。徐雪寒在格罗疗养院里见到了韬奋，向他缕述党中央毛主席和周恩来同志对他的关切之情,以及奉华中局之命专程前来探望的经过。韬奋一边静静听着,一边不断地对党表示感谢,反复说明自己对祖国对人民并没有作出什么贡献,不值得党中央如此关怀。他十分激动,向徐雪寒叙述自己到苏北根据地后的所见所闻。徐雪寒怕他说话过多而引起疲劳,便拿话打断他,告诉他华中反"扫荡"的胜利,全国的抗战形势,特别是延安的整风学习等等。韬奋全神贯注地听着,表现出异常的热情和兴趣,像一个健康人的样子。谈了一个多小时,徐雪寒就离开了他的病榻。

过了几天,徐雪寒第二次去看韬奋,向他告别。韬奋要徐雪寒向党中央毛主席转达他的感谢,并道出病愈之后一定要去根据地,转而去延安的心愿。韬奋说,如有可能,就要写他苏北之行的经历。他交给徐雪寒一封给华中局的亲笔信,信中说:"我死也死在抗日民主根据地。"他认为,中共领导的人民获得解放的地区,才是他归宿的地方。

这时,韬奋的病情突然发生变化,右眼生红翳,视觉模糊,右后脑疼痛,不能安枕,只能向左侧睡,咽喉部的扁桃体肿胀,呕吐不止。这样经过了20多天,痰涌呕吐才停止,但额部仍然经常剧痛。

此后,由于敌伪的追查,韬奋辗转于上海的多家医院。

1944年二三月间,韬奋的病情有所发展,华中局根据上海地下党的汇报,决定再度派徐雪寒去上海探望,表示慰问,并送去一笔医疗费用。陈毅亲自找到徐雪寒,神态沉重地把这个任务交给了他,希望他"摒挡一切,尽速成行"。当徐雪寒在上海的德济医院里再次见到韬奋时,韬奋依然露出满脸笑容,艰难地从棉被里伸出瘦弱的手,和徐雪寒握了握手。徐雪寒说明来意后,韬奋低声地道谢,并迫不及待地说:"我看来是不行了。日本帝国主义还没有赶出去,我却再也不能拿起笔保卫祖国、保卫人民了!我的心意,我的希望,寄托在延安,寄托在党中央。我要求入党,请你代我起草一份遗嘱,也就是一份申请书,请求党在我死了之后,审查我的一生行为,如果还够得上共产党党员这样光荣的称号,请求追认我为伟大的中国共产党的党员。"接着,韬奋还说了一些对于抗日建国的重大政治问题的意见,要而不繁,若断若续。他是用了最后的生命的力量,说出了这些发自肺腑的话的。

四、信仰有归处，民族有希望

第一，临终前的入党志愿。正当韬奋心力交瘁的时候，日军谍报机关已知道他在上海治病，派出特务四处打探。如果继续住在医院里，很有可能发生意外。因此，生活书店的同事们立即采取紧急措施，把他转移到新闸路沁园村（现新闸路1124弄）22号隐居，对德济医院说病人回乡去了。这里是生活书店浙江金华分店在上海的同事毕青哥哥的家。毕青是一个共产党员，他冒很大的风险，说服了亲属，挤出一个亭子间让韬奋住。韬奋搬去以后对毕青说："这一下我放心了，住在医院里不免提心吊胆。"陈云霞主动承担了一些护理工作，并找到她的同情革命的表姐林砚云每天来给韬奋打针，后来沈粹缜也学会了打针。韬奋在可靠群众的掩护下，避开了敌人的耳目。

韬奋在沁园村住了一个多月，病情继续恶化，食欲渐减，只能吃一点稀粥，身体越来越衰弱了；剧痛次数不断增加，从局部扩展到全身，坐卧不安。有时痛得两只手捧着头，一面流泪，一面发抖，从床上爬到地上，又从地上爬到床上，"杜冷丁"的作用越来越小了。打一针只能维持三四个小时，一痛就催着打针，一天要打五六次之多。由于他消瘦得厉害，打针的时候，已经是几乎摸不到肌肉了。沈粹缜的内心十分矛盾，明明知道麻醉剂是在慢慢地消蚀他的生命,但为了减轻他的痛苦,又不得不顺从地一次又一次给他注射。为了使他少受一些麻醉剂的毒害,沈粹缜就减少一些剂量,有时就给他打蒸馏水,使他在心理得到一些安慰。但是,不管采取什么措施,韬奋的病情还是日趋恶化。

有一天夜里,韬奋痛得昏厥了过去,过了十几分钟才醒过来。他也意识到自己的病情日益严重,很有可能突变,应当把必要的事情交代一下。他对徐伯昕等生活书店的同事们作了一些身后的嘱咐。他说,他死了以后,希望能将遗体解剖,或能对医学上有所贡献;他生平不治私产,妻子沈粹缜可以参加社会工作,贡献她的专长,长子邹嘉骅可专攻机械工程,次子邹嘉骝可研究医学,幼女邹嘉骊爱好文学,都希望给予深造的机会,使他们能为社会进步事业作出贡献。他还谈到他的著作能由他最敬佩的老朋友胡愈之全权决定取舍,加以整理。最后他饱含热泪地说:"我死之后,请中国共产党中央委员会严格审查我一生奋斗的历史,如其认为合格,请追认入党。遗嘱也望妥送延安,火葬后的骨灰尽可能带往延安。"韬奋不讳言死,但从他的内心说,他多么希望活下去啊!他对毕青说:"假使我的病能好起来,我还要做几十年的工作。"

1944年4月,韬奋的生命已处于垂危之中。为了便于抢救,曾耀仲医生冒着生命危险,把韬奋接进了他自己不久前在祈齐路开设的上海医院(现徐汇区结核病防治所,岳阳路190号)。为了安全起见,生活书店的同事们把韬奋的假"良民证"上的"李晋卿"改成"季晋卿",沈粹缜也改称"季太太"。

韬奋的病情仍然每况愈下。6月1日深夜,他又突然昏厥

过去。第二天,他赶紧召集亲友,口授遗嘱:

> 我自愧能力薄弱,贡献微少,20余年来追随诸先进,努力于民族解放、民主政治和进步文化事业,竭尽愚钝,全力以赴,虽颠沛流离,艰苦危难,甘之如饴。此次在敌后根据地视察研究,目击(睹)人民的伟大斗争,使我更看到新中国光明的未来。我正增加百倍的勇气和信心,奋勉自励,为我伟大祖国和伟大人民继续奋斗。但四五年来,由于环境的压迫,我的行动不能自由,最近更不幸卧床经年,呻吟床褥,竟至不起。但我心怀祖国,眷念同胞,愿以最沉痛迫切的心情,最后一次呼吁全国坚持团结抗战,早日实行真正的民主政治,建设独立自由幸福的新中国。……

这时,他的女儿邹嘉骊也来到了他的身边,他为不能再见到次子邹嘉骝而感到惋惜。当时他还不知道,邹嘉骝已由生活书店的同事从桂林保护送到重庆,后来又由周恩来亲自带到延安,留在那里学习了。如果他能知道这些情况,他会感到莫大安慰的。

有一天,韬奋的神色特别清醒,眼角流露着光芒,带着兴奋的情绪对沈粹缜说:"我要使我的病很快地好起来,让我好早些到延安去。过去在重庆,我已不止一次地告诉过你,只有中国共产党才是中国人民的救星,我虽然不会使用枪炮作武器,但是我能用锋利的笔尖,挑开国民党无耻阴谋的黑幕,号召民族团结起来,反对敌人,那时我还能起着中国共产党政治上助手的作用。我要在敌人的地区内坚持斗争,不愿就此离开。今天国民党已经对我发出了通缉令,黑暗势力愈加恶劣,敌人想制我死命,可是我不怕死,因此我要尽快到延安去,争取入党,我要为党多做一些工作……"

7月上旬,韬奋又昏厥了一次。这时他已不大能讲话了。沈粹缜和生活书店的同事考虑到韬奋属于社会上一个重要的人物,为了躲避敌人的迫害,他在上海治病是严格保密的,连许多熟人都没告诉。现在应该让一些社会人士知道他的情况了,因而通知了文化界的几位进步朋友。一向同生活书店关系密切的郑振铎获悉后,很快就去上海医院看望,可惜韬奋正处于昏迷状态,他们没能说上话。郑振铎在他的病床前,站了很久才离开。

7月21日,韬奋的体温开始上升,嗓子失声,不能说话;但还能以笔代言,字迹颤抖,勉强可以辨认。23日清晨,他的精神较好,用铅笔在一张纸上写了几句话,一句是"你不要怕!"这是对他妻子沈粹缜说的。一句是"一切照办,不要打折扣!"这是在叮嘱他的同事要坚决执行他的遗嘱。

1944年7月24日早晨7点20分,一代文化斗士韬奋终被病魔夺去了生命。为了不被敌人发现,韬奋的遗体仍用"季晋卿"的名字暂时厝于上海殡仪馆,两年以后才以真名落葬在上海虹桥公墓。

第二,追认中国共产党党员。韬奋逝世以后,徐伯昕于1944年8月中旬秘密携带了韬奋的遗嘱来到苏北,向中共中央华中局报告了韬奋逝世前后的情况,并请求把韬奋遗嘱送往延安中共中央。中共中央华中局和新四军军部召开了有数千名干部、战士参加的追悼会,悼念韬奋的逝世。张云逸代军长在会上介绍了韬奋的生平事迹。不久,韬奋的长子邹家华(原名邹嘉骅)随徐雪寒从上海来到了华中根据地,正式参加了新四军,走上了革命的道路。

中共中央获悉了韬奋逝世的噩耗并收到了他的遗嘱后,即给韬奋的家属发出了唁电,接受韬奋的临终请求,追认他为中国共产党党员。

邹韬奋家属礼鉴:

惊闻韬奋先生病逝,使我们十分悲悼;接读先生遗嘱,更增加我们的感奋。韬奋先生二十余年为救国运动,为民主政治,为文化事业,奋斗不息,虽坐监流亡,决不屈于强暴,决不改变主张,直至最后一息,犹殷殷以祖国人民为念,其精神将长在人间,其著作将永垂不朽。先生遗嘱,要求追认入党,骨灰移葬延安,我们谨以严肃而沉痛的心情,接受先生临终的请求,并引此为吾党的光荣。韬奋先生长逝了,愿中国人民齐颂先生最后呼吁,为坚持团结抗战,实行真正民主,建设独立、自由、繁荣、和平的新中国而共同奋斗到底。谨此电唁,更望家属诸位节哀承志,遵守先生遗嘱于永久。

中国共产党中央委员会
一九四四年九月二十八日

1944年10月7日,延安《解放日报》刊登了韬奋逝世的消息、韬奋的遗嘱及其生平介绍、中共中央的唁电、华中解放区军民悼念韬奋的报道,并发表了社论《悼邹韬奋先生》,指出:"由于他从广大人民的利益出发的立场,他和中国共产党很早就成为最接近的战友。他不是共产党员,但在争取民族独立和民主自由的战斗中,他始终和共产党结着亲密的联盟。"

韬奋逝世以后,周恩来亲自操办了追悼大会的事宜。在陕甘宁边区政府窑洞会议室举行的延安各界追悼韬奋逝世大会筹备会上,周恩来介绍了韬奋的事迹,指出:"韬奋是伟大的爱国主义者、民主主义者、共产主义者,是中国知识分子由民主主义走向共产主义的典范,是中国知识分子学习的榜样。"他还说:"韬奋先后办的几种生活报,在国民党统治区销售达10余万份,这在当时销售量是相当大的,可见很受群众欢迎。我们党的抗日救国和抗日民族统一战线政策,主要是通过韬奋主编的刊物传播到国民党统治区广大知识分子中去的。韬奋在国统区知识分子中的威望最高。我们党专门在国统区做知识分子工作的领导人,都比不上他。"

10月11日,周恩来亲自召集吴玉章、博古、邓颖超等人举行了韬奋先生追悼会发起人第一次会议,商讨了纪念和追悼韬奋事宜,并在审阅纪念和追悼办法时,亲笔加上"提议以韬奋为出版事业模范"。

会后,张仲实根据讨论的结果,整理了一份《纪念和追悼韬奋先生办法——十月十一日发起人第一次会议记录》:

(一)纪念办法

1. 提议华北书店改名为"韬奋书店"。

2. 向边府提议,设立韬奋出版奖金,专用以奖励对办杂志、报纸及出版发行事业有特别成绩之人,专设委员会主持,其委员和办法另定之。

3. 提议在先生骨灰运到延安安葬后,建立纪念碑。

(二)电渝商量在全国发起纪念和追悼韬奋先生运动。

1. 征集纪念文(诗歌、论文),刊行纪念册,委托新华日报及各根据地报纸办理。

2. 在重庆设韬奋图书馆,由各界人士自愿捐助书报。

3. 登报征集先生未发表之信件和著作。

(三)向陕甘宁边区文教会议提议电唁韬奋先生家属,并在大会上介绍先生生平,提议以韬奋为出版事业模范。

(四)在延纪念和追悼办法

1. 出版先生选集。

2. 举行追悼会时展览先生著作。

3. 追悼会时由解放日报出专刊,纪念文由艾思奇、柳湜、张仲实三人负责计划。

4. 制追悼歌,由周扬负责。

5. 追悼会定先生白日祭——十一月一日举行。

(五)筹委会:委员:柳湜、周扬、艾思奇、张宗麟、张仲实、林默寒、李文,以柳湜、周扬为正副主席。

后来毛泽东批示:"照此办理"。这是党中央对韬奋一生的深切关怀和高度评价。

11月22日,延安各界3 000人隆重集会追悼韬奋。陕甘宁边区大礼堂正中悬挂着黑布白字的横幅"邹韬奋同志追悼大会",主席台中央安放着韬奋的巨幅遗像,左边是毛泽东的题词:"热爱人民,真诚地为人民服务,鞠躬尽瘁,死而后已,这就是邹韬奋先生的精神，这就是他之所以感动人的地方。"右边是朱德的题词："韬奋同志，爱国志士，民主先锋。"台前放满了各界敬送的花圈，四周墙上挂满了挽联。朱德总司令和新四军代军长陈毅在庄严肃穆的追悼会上讲了话。朱德在讲话中指出："韬奋先生所有的著作，都是为了中国的民族民主革命。他的遗嘱对我们感触甚深。临终时他把希望寄托在中国共产党身上，请求追认入党，因为他到华中根据地后，亲眼看到了共产党的主张符合于全国人民的要求。目前中国民主势力与反民主势力正在剧烈的斗争中，我们要更加努力于民主运动，团结全中国人民，争取抗战建国的胜利。"同日，《解放日报》编辑了《韬奋先生逝世纪念特刊》，陈毅、吴玉章、徐特立等都写了纪念文章。

韬奋逝世以后，重庆各界也举行了隆重的悼念活动。10月1日上午9时，800多人参加了在道门口银行举行的追悼会。会场庄严肃穆，挽联环绕。

朱德的挽联：

为坚强民主战士
是广大青年导师

周恩来、邓颖超的挽联：

忧时从不后人，办文化机关，组救国团体，力争民主，痛掊独裁，哪怕冤狱摧残，宵小枉徒劳，更显先生正气；
历史终须前进，开国事会议，建联合政权，准备反攻，驱除日寇,正待吾曹努力,哲人今竟逝,倍令后死伤神。

董必武、林伯渠的挽联:

是屈大夫、贾太傅一流,爱国忧时,文采光芒长万丈;
与杜国辅、徐仲车同病,孙言危行,德人风节动千秋。

追悼会由黄炎培主祭,沈钧儒、左舜生陪祭。郭沫若在会上发表了慷慨激昂的演讲,引起了与会者的极大共鸣。他说:

> 韬奋先生:你是我们中国人民的一位好儿子,我们中国青年的一位好兄长,中国新文化的一位好工程师。你的一生,为了人民的解放,为了青年的领导,为了文化的建设,尤其在抗日战争发动以来,为了争取反法西斯战争的胜利,你是很慷慨地、很热诚地用尽了你最后的一滴血。在目前我们大家最需要你的时候,而你离开了我们,这在我们是一个多么大的损失呀!这是一个无可补救的损失呀!(泣声和掌声)
>
> 韬奋先生:在你自己,怕应该是没有什么遗憾的吧。你把你自己慷慨地奉献给了人民,而你自己已经成为了一个很庄严的完整的艺术品,在你自己怕应该是没有什么遗憾的吧!(鼓掌)要说有什么遗憾,那一定是在目前反法西斯战争已经接近胜利的期间,而你没有可能亲眼看见中国人民的得到解放,中国青年的无拘无束的成长,反而在弥留的时候,你所接触的是中原失利的消息,湖南失利的消息,这怕是使你含着滚热的眼泪,一直把眼睛闭不下的吧!(大鼓掌)这在我们,作为你的朋友的我们,尤其是长

远的一个哀痛!是我们的努力不够,没有把胜利早一天争取得来,反而在全世界四处都是胜利的声浪中,而我们有日蹙国土万里的形势,增加了你临死时的哀痛;我们在今天,在这儿追悼着你,至少我自己是深深地感觉着犯了很大的罪过的。但是,韬奋先生!你是真的离开了我们吗?你是真的放下了武器倒下去了吗?没有的,永远没有的!你并没有离开我们,你还活着,你还活在我们每一个人的心里,每一个青年的心里,千千万万人民大众的心里。你是活着的,永远活着的,从中国的历史上,从我们人民的心目中,谁能够把邹韬奋的存在灭掉呢?(鼓掌)你的武器,你的最犀利的武器也交代在我们手里来了,我们每一个人的身上都有你的武器,这就是这么一枝笔。你依靠着这枝笔,为人民的解放,为反法西斯的胜利战斗过来;我们也应该仗着这枝笔,为人民的解放,为反法西斯的胜利战斗过去。(大鼓掌)这是一枝不折不扣的名实相符的钢笔,有了这枝笔存在的地方,便是民主存在的地方;没有这枝笔的地方,便是法西斯存在的地方。(鼓掌)像德国、日本这样法西斯国家,它们的笔是没有了,是变了质,变了刷把,(鼓掌)替统治者刷浆糊,(鼓掌)刷粉墙,(鼓掌)刷断头台,(鼓掌)刷枪筒,(鼓掌)刷马桶。(鼓掌)这样的刷把,迟早是要和法西斯一道拿来拖进毛厕里去的。(鼓掌不息)

我们中国幸而还有一枝笔,这是你韬奋先生替我们保持了下来,我们应该要永远的保持下去。在目前反法西斯战争接近胜利的时候,笔杆的使用是要愈加代替枪杆的地位了:枪杆只能消灭法西斯的武力,要笔杆才能消灭法西斯的生命力。

邹韬奋先生!你的一生,用你的血来做了这枝笔的墨;我们要继续不断地把我们的血来灌进去。

邹韬奋先生!你的一生,把你的脑细胞用来做了这枝笔的笔尖;我们要继续不断地把我们的脑袋子安上去。(鼓掌)我们要纪念你。

韬奋先生,我们就要永远地保卫这枝笔杆,我们不让法西斯再有抬头的一天,不让人类的文化再有倒流的一天;这也怕就是你通过你的笔所遗留给我们的遗嘱!(鼓掌历久不息)

第三,继承和发扬韬奋精神。1944年7月24日,韬奋走了,走到很远很远的地方。他的女儿邹嘉骊才14岁,正是花季少女,天真如春风,快乐如小猫,会像蝴蝶一样在草地里张着双臂飞翔;像小鸟一样,在花草中蹦来蹦去。可是邹嘉骊没有,她从小与爸爸聚少离多,跟着母亲颠沛流离。然而,小时候与爸爸在一起的画面,永远印在她的脑海里。

韬奋和家人留影

有一次,邹嘉骊趴在地上哭闹,怎么哄也哄不好。爸爸见此情景,也趴在地上假装哭。邹嘉骊正在地上使劲地哭,忽然听到耳边传来哭声,抬头一看,原来是爸爸在哭。邹嘉骊有点发愣,再仔细一看,爸爸脸上竟然没有泪水,忍不住又大哭起来。站在边上的两个哥哥一起唱起了儿歌:"一会儿哭,一会儿笑,两只眼睛开大炮……"逗得妈妈也乐开了花。

1942年,在东江纵队的保护下,韬奋一家五口人在东阳山住了两个多月。这是他们最幸福的日子。早上醒来,爸爸先在床上按摩头部,接着做保健操,有时带着小孩去小溪边捉鱼摸虾。爸爸和妈妈一生相知相爱,相依相偎。在当年进步文化人群里,他们是一对患难的黄金搭档,他们的恩爱是人所共知的。嘉骊记得妈妈曾告诉她,1941年2月下旬,爸爸从重庆到香港,香港的环境不那么压抑,爸爸在工作之余,就缠着妈妈跳交谊舞。妈妈不肯,爸爸就说:"要身体好,我们两人都要好。"在他们的卧室里,桌上放着两本英文版的关于交谊舞的书,可见爸爸(韬奋)有着乐观、活跃、幽默的一面。

还有一次,形势紧张,组织要爸爸一人先走,在与妈妈离别的那天,爸爸含泪握着妈妈的手说,今后我们能见面最好,不能见,你要带好三个孩子,有困难找共产党。一席话,说得妈妈泪流满面。都说爸爸是坚强的,其实,再坚强的人心里也有柔软的地方,那是人的本性。

1946年6月22日,上海文化界人士和韬奋的生前好友,趁韬奋的灵柩正式安葬之际,发起了一个2周年祭仪。沈钧儒、陶行知、郑振铎、王志莘、沙千里、艾寒松、罗叔章、许广平、戈宝权、徐伯昕、孙起孟、胡绳、胡子婴、杨卫玉等50余人出席。

上午9时左右,送葬者都随灵柩来到虹桥公墓。首先由沈钧儒主祭,燃香献花。然后,陶行知不胜悲恸地朗读祭文。他说,韬奋先生逝世已两年,中国的政治前途愈益面临着曲折与危难。抗日战争取得了胜利,"我们懊悔你没有亲眼看见胜利。哪里知道天下为私,胜利不属于人民自己"。陶行知说到这里,现场空气由严肃而凄凉,啜泣四闻,大家环绕着韬奋的灵柩,默默地沉浸在沉痛而悲愤的气氛中。

接着,徐伯昕报告了韬奋病殁的经过。他认为,韬奋虽因癌症而致命,但他的原来的健康在正常的生活情况下,病症决不至于猝然而发的。由于他长期过着颠沛流离的生活,失去了安全稳定的医治和疗养的条件。他虽然是因病去世的,而实际上他是受法西斯独裁统治的迫害而死的。所以,"我们为安慰韬奋先生于地下,只有加倍努力争取民主政治的实现"。

这时,沈钧儒走到前面,对着韬奋的灵柩,激动地说:"韬奋先生,你安息吧,你虽然离开了我们,但是我们依然一样的在一起,我们要继着你的遗志努力到底的——韬奋先生,你并没有死,一个人的躯壳的存在与否有什么关系呢?没有关系的!我们不知道什么时候再会,然而我们始终没有分开,我们紧紧的在一起,……韬奋先生,我们在你面前宣誓:我们要学习你的榜样,不计生死,为争取民主的胜利……安息吧,韬奋先生……"沈钧儒悲哀而激昂的声音深深地感染了每一个与会者。

随即,韬奋的夫人沈粹缜致了答词,向大家表示衷心的感谢。

最后,举行了俭朴而隆重的入土仪式,泥土覆盖了长眠着这位伟大的文化战士的灵柩,韬奋遂从此在上海和我们永别了!

1949年7月,在韬奋逝世五周年的时候,毛泽东再次亲笔题词:"纪念民主战士邹韬奋。"周恩来为纪念韬奋逝世五周年的题词是:"邹韬奋同志经历的道路是中国知识分子走向进步走向革命的道路。"

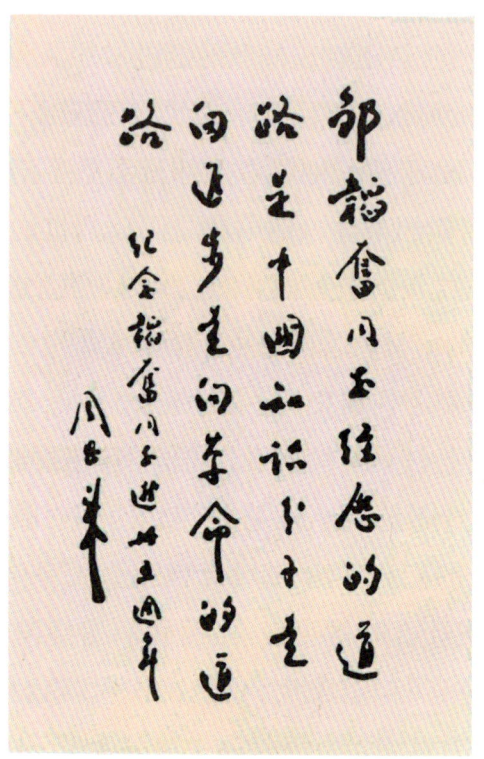

周恩来题词

结语

以人民为中心
—— 韬奋精神的形成逻辑和内涵意蕴

邹韬奋是我国著名的新闻记者、出版家和政论家,同时也是伟大的爱国者、杰出的民主斗士和坚定的共产主义战士。在血雨腥风的革命岁月中,他"始终以人民为中心",以笔为剑、传播真理、主持正义;在中华民族外忧内患的艰难时势中,他不畏强权、创办报刊、唤醒民众;在长期的新闻出版实践中,他苦苦探索、不懈奋斗,形成了独具特色的办刊思想和刻苦忘我的敬业精神,成为引领一代青年人走向光明、追求进步的灯塔。

一、韬奋精神的形成逻辑

韬奋精神的形成是由客观的历史场域和主观的行为惯习在相互作用和相互影响的耦合过程中共同建构的。邹韬奋出生于晚清后期,中华民族遭受了前所未有的巨大劫难。作为促进民族解放、推动社会进步、传播大众文化的中国先进分子的杰出代表,邹韬奋在中华优秀传统文化的熏陶浸润中和马克思主义的深刻影响下,得到了中国共产党人的引领帮助,以及在创办报刊和书店的新闻出版实践中,形成了具有广泛影响、意义深远的韬奋精神。

(一) 中华优秀传统文化的滋养

在悠久的历史长河中,中华民族创造了灿烂的文化,形成了以爱国主义为核心的伟大民族精神,这也是中华文化源远流长,具有强大生命力的原因。邹韬奋在潜移默化和耳濡目染中接受了传统文化的熏陶。

邹韬奋从 6 岁就开始接受比较系统的传统文化教育。1912 年,他开始进入南洋公学学习。在学习的诸多科目中,他对国文课兴趣尤其浓厚。在业余时间里,他广泛涉猎了以儒家思想为主体的传统文化书籍,开阔眼界,增长见识,进一步积淀了传统文化底蕴,提升了传统文化素养,筑牢了文化自信的根基,为之后从事的革命文化活动奠定了扎实的国学基础,为韬奋精神的形成和发展提供了丰厚土壤。

(二) 马克思主义的影响

九一八事变之后,面对日益加深的民族危机和抗日民主运动的蓬勃兴起,邹韬奋开始运用马克思主义的阶级斗争理论和阶级分析方法来思考、认识、分析中国的社会现象和社会问题。1933 年,邹韬奋在第一次被迫流亡海外期间,对马克思主义进行了系统学习和全面梳理。同时,他还对苏联社会和政治制度进行了深入考察,切实感受到苏联社会主义建设的巨大成就。他进一步坚定了马克思主义信仰,认清了国民党的反动本质,体会到只有共产党才能救中国,实现了从民主主义者向共产主义战士的伟大转变。

此后,在邹韬奋的思想体系中始终闪耀着马克思主义的理论光芒。伴随着革命实践一路走来的韬奋精神,从孕育、形成和发展都离不开马克思主义的指导,其蕴含的核心要素也是源自马克思主义的世界观和方法论。

(三) 中国共产党的引领

周恩来指出:"邹韬奋同志经历的道路是中国知识分子走向进步、走向革命的道路。"[①]邹韬奋作为新民主主义时期探索救国救民道路的中国先进知识分子代表,在胡愈之、张仲实、周恩来等众多共产党人的引领和帮助下,经历了从逐步认同中国共产党的主张到自觉接受中国共产党的领导,始终同中国共产党想在一起、站在一起、干在一起,不忘初心、携手前行。

1936年,邹韬奋在《生活日报》上刊登了他与沈钧儒、陶行知、章乃器等联名发表的《团结御侮的几个基本条件与最低要求》,受到了毛泽东的高度赞赏和大力支持,并正式与中国共产党建立了直接联系。

早在1938年,邹韬奋就直接向周恩来提出了加入中国共产党的要求。周恩来亲切地回答说:"你现在以党外民主人士身份

---

① 中共中央文献研究室.周恩来年谱(1898—1949)》(修订本)[M].北京:中央文献出版社,1998:857.

在国民党地区和国民党作政治斗争,比你以一个共产党员身份所起到的作用不一样,这是党需要你这样做的。"邹韬奋愉快地接受了党的决定,自觉地在党的领导下,以党外人士的身份为党工作。在确立了马克思主义世界观后,邹韬奋无论遇到什么样的艰难险阻,始终把对党忠诚体现到对党的信仰的忠诚上、对党组织的忠诚上、对党的理论和路线方针政策的忠诚上,任何时候任何情况下都能站得稳、靠得住。他在病重时,仍然念念不忘心中夙愿,口授遗嘱再次提出入党申请。1944 年 9 月 28 日,中共中央追认他为中国共产党正式党员。虽然邹韬奋生前未能入党,但中共中央在致其家属的唁电中称他为"吾党的光荣"。

(四)创办报刊和书店的实践

革命实践孕育革命精神。韬奋精神的形成不是偶然的,而是在邹韬奋长期的个人实践中逐渐形成的。邹韬奋毕生都在从事新闻出版事业,他是生活书店的创始人,先后办过"六刊一报"(包括《生活》周刊、《大众生活》、《生活日报》、《生活日报星期增刊》、《生活星期刊》、《抗战》三日刊、《全民抗战》三日刊),形成了具有自身特色的新闻出版思想,成为引领近代中国新闻出版业的楷模。

抗日战争全面爆发后,生活书店在邹韬奋的领导下,自觉地接受中国共产党的领导,成为抗战中一个坚强的文化堡垒。生活书店由抗战前的一个总店两个分店,不到一年时间扩充为 55 处分支店,遍及 14 省份,规模一时超过商务印书馆,陆续出版了杂志 8 种,书籍近 1 000 种,并出版了动员人民抗战的通俗读物达 500 余万册,为动员全民抗战作出了重要贡献。毛泽东曾说:"我们干革命有两支队伍,武的是八路军,文的是邹韬奋在上海办刊物,开书店。"

二、韬奋精神的内涵意蕴

邹韬奋逝世以后,毛泽东亲笔为他题写挽词:"热爱人民,真诚地为人民服务,鞠躬尽瘁,死而后已,这就是邹韬奋先生的精神,这就是他之所以感动人的地方。"

韬奋精神,是以邹韬奋的名字命名、以邹韬奋的品质和情怀为内蕴、以强烈的爱国主义精神与真诚的为人民服务精神为实质和核心、在时代实践中不断丰富和发展、为人民所敬仰的一种革命精神。它是对邹韬奋在人民立场、责任担当、爱国情怀、精神支柱等方面的文字论述和实践行动所表现出来的先进思想、高尚品德与工作精神的理论概括和思想境界的升华。

(一)人民立场——脚踏实地、服务读者的工作态度

邹韬奋大学毕业以后,迈出了走向社会的第一步。在近代社会中,职业的危机感对于没有一定社会背景的穷学生来讲是相当严峻的。但是邹韬奋是幸运的,毕业前就找到了工作,到厚生纱厂当英文秘书。由于他办事认真、踏实,有扎实的专业基础和特长,因此在毕业即失业的形势下,不仅没有失业,反而成了多方争聘的对象。这对一个没有任何关系和后台的青年来讲,不能不说是难能可贵的。成功的诀窍在哪里呢?就是他做事的认真态度和一丝不苟的精神。

邹韬奋认为:"我觉得我们做事,要做到使人感到少不了你。这并不是要包办或有所要挟的意思,是说我们要尽我们的心力把职务上应做的事,做得尽量的好,使人感到你确能称职,为着这个职务起见,不肯让你走开,或至少觉得你的走开是一件很可惜的事情。"[1]他在自己的工作岗位上,就是贯彻这种精神的实践者。每项成绩都凝聚着他的智慧和劳动。他虽然更换过不少工作岗位,却没有在任何地方留下空白,也没有成为任何地方多余的包袱。

(二)责任担当——不畏强权、勇于斗争的敬业精神

邹韬奋在政治上从来是言行一致、严肃不苟的,他在言论中从不隐瞒自己的政治观点,明确表达了光明磊落的进步立场。他主编《生活》周刊后,就利用一切机会来揭露社会的黑暗面。不管是达官贵人,或者是"名流""学者",他全都"不知敷衍,不知迁就",永远不留情面,真正做到"与其敷衍,不如不办;如其要办,决不敷衍","言人所欲言,言人所不敢言"。《生活》周刊逐渐转变为主持正义的舆论机关。

邹韬奋先后撰写了《民穷财尽中的阔人做寿》《平民住宅与阔人洋房》《人力车夫所受的剥削》等文,对国民党高级官吏奢侈糜烂的生活毫不留情地进行了揭露;对穷苦百姓在死亡线上挣扎的遭遇则表示了深切的同情。

面对黑暗势力的威胁、利诱、收买,邹韬奋都是斩钉截铁地

---

[1] 韬奋基金会,上海韬奋纪念馆.韬奋全集(增补本):第 7 卷[M].上海:上海人民出版社,2015:175.

结　语
以人民为中心——韬奋精神的形成逻辑和内涵意蕴

回答:"编辑可不干,此志不肯屈。"在反动势力的各种谣传猛烈进攻面前,他坚持原则,毫不手软,多次撰文怒斥他们散布的流言蜚语,并坚定地表示,只要"一息尚存,还是要干"。这种威武不能屈、富贵不能淫的精神,是使《生活》周刊始终保持独立"报格"的重要支柱。

邹韬奋主编后的《生活》周刊坚持反帝反封建的民主主义立场,敢于批评时政,攻击黑暗势力,维护民众利益,因而深受读者的青睐,其发行量从原来的2800份迅速上升到1931年的十几万份。

(三) 爱国情怀——宁死不屈、捍卫国权的赤诚之心

1931年,日本帝国主义发动了侵略中国东北的九一八事变。在民族危机日益严重、蒋介石政府采取不抵抗政策的形势下,邹韬奋不畏强暴,以笔代剑,怒斥敌寇,反对投降,勇敢战斗在民族解放第一线。

1932年1月28日,日本帝国主义发动了对上海的入侵。驻扎在上海的19路军将士在全国人民抗日热潮的推动下,激于民族义愤,不理睬蒋介石限制他们抵抗的命令,奋起抗击入侵之敌。

当时上海处于一片混乱之中,《生活》周刊的印刷与发行也遇到很大困难。但是邹韬奋没有忘记自己的职守,没有忘记读者,克服重重困难把刊物送到广大读者手里,使他们及时了解有关战争的重要消息,竭力"唤起民众注意,共赴国难"。1月29日,《生活》周刊一天出了两次《紧急号外》。

随着一·二八淞沪抗战的激烈进行,大量的 19 路军伤兵从前线退了下来,医院供不应求。邹韬奋立即决定开办一所伤兵医院,救护这些为国受伤的英勇战士。正如他自己所说:"自九一八国难发生以来,我竭尽我的心力,随同全国同胞共赴国难;一面尽量运用我的笔杆,为国难尽一部分宣传和研讨的责任,一面也尽量运用我的微力,参加救国运动。"①

邹韬奋始终把抗日救国事业看得高于一切,认为"中国人的浴血抗战,抵御日帝国主义的侵略,为的当然是要抢救我们的祖宗所遗留下来的具有五千年文明的祖国,和千万世子孙的福利。只就这一点说,已经值得我们牺牲一切,为我们的祖国而苦斗"②"全国同胞对此国难,人人应视为与己身有切肤之痛,以决死的精神,团结起来作积极的挣扎与苦斗"③。

(四)精神支柱——百折不挠、坚持真理的理想追求

邹韬奋从小接受的是中国的传统教育,受儒家文化的影响很深。五四运动以后,他积极主张反封建,倡民主,学西学,成为一个积极的反帝反封建的民主主义战士。九一八事变发生以后,中国民族危机日趋严重,中国共产党领导的抗日救亡运动日益高涨,邹韬奋逐渐接受了马克思主义,开始了从民主主义到共

---

① 韬奋基金会,上海韬奋纪念馆.韬奋全集(增补本):第 7 卷[M].上海:上海人民出版社,2015:206.
② 韬奋基金会,上海韬奋纪念馆.韬奋全集(增补本):第 8 卷[M].上海:上海人民出版社,2015:86.
③ 韬奋基金会,上海韬奋纪念馆.韬奋全集(增补本):第 5 卷[M].上海:上海人民出版社,2015:58.

产主义的伟大转变,成为继鲁迅之后中国先进知识分子的杰出代表。在确立了马克思主义世界观以后,邹韬奋多次提出加入中国共产党,当党决定让他继续留在党外发挥作用的时候,他也愉快地接受了。

三、大力传承弘扬韬奋精神

邹韬奋在临终时刻再次提出加入中国共产党,党中央在他逝世以后,决定追认他为中国共产党正式党员。邹韬奋终于实现了他的愿望。这也是中国一代进步知识分子的理想追求和最为崇高的思想境界。

2009年在迎接新中国成立60周年的时候,中共中央宣传部、中共中央组织部、中共中央统一战线工作部、中共中央文献研究室、中共中央党史研究室、民政部、人力资源社会保障部、中华全国总工会、共青团中央、中华全国妇女联合会、中国人民解放军总政治部等11个部门联合组织开展了"100位为新中国成立作出突出贡献的英雄模范人物"评选活动,邹韬奋光荣当选。

因此,我们建议,把"韬奋精神"纳入中国共产党人精神谱系(第二批)。我们认为,邹韬奋是中国近代知识分子传承和弘扬伟大建党精神的典范。韬奋精神的提出,具有重大的历史意义、现实意义和理论意义。韬奋精神的科学内涵主要突出体现在为大众、敢斗争、爱祖国、有信仰四个方面,蕴含于人民立场、责任担当、家国情怀、理想信念四个维度。这四个维度内涵丰富、思想深邃,既各具特色、各有所重,又相辅相成、相得益彰,构成了一个结构完整、逻辑缜密、层次分明的理论框架,较为全面深入地体现出韬奋精神的内在意蕴。我们要发扬光大韬奋精神,恪守"脚踏实地、服务读者的工作态度;不畏强权、勇于斗争的职业原则;宁死不屈、捍卫国权的爱国情怀;百折不挠、坚持真理的理想追求"。

在新的历史条件下,大力弘扬韬奋精神的立足点就是要以人民为中心,将精神力量切实转化为实践动力,赓续红色血脉,走好新时代的长征路。把精神力量转化为实践动力的关键就是要加强对韬奋精神的研究阐释,健全落实韬奋精神的制度体系,激发韬奋精神的文化活力,多措并举、抓住重点,让韬奋精神在新时代继续绽放出新的光芒。

参考文献

［1］韬奋基金会,上海韬奋纪念馆.韬奋全集(增补本):第1—14卷［M］.上海:上海人民出版社,2015.

［2］葛怀诚.我的老师邹韬奋［C］//中国人民政治协商会议江苏省宜兴县委员会文史资料研究委员会.宜兴文史资料:第4辑,1983.

［3］郝丹立.韬奋新论［M］.北京:当代中国出版社,2002.

［4］胡愈之.我的回忆［M］.南京:江苏教育出版社,1990.

［5］邹嘉骊.忆韬奋［M］.北京:生活·读书·新知三联书店,2015.

［6］端木蕻良.生活的火花［M］//端木蕻良.化为桃林.上海:上海古籍出版社,2000.

［7］复旦大学新闻系研究室.邹韬奋年谱［M］.上海:复旦大学出版社,1982.

［8］茅盾.烽火连天的日子:回忆录(二十一)［J］.新文学史料,1983(4):7-28.

［9］生活书店史稿编辑委员会.生活书店史稿［M］.北京:生

活·读书·新知三联书店,1995.

[10] 胡耐秋.韬奋的流亡生活[M].北京:生活·读书·新知三联书店,1979.

[11] 黄秋耘,夏衍,廖沫沙,等.秘密大营救[M].北京:解放军出版社,1986.

[12] 姚安.邹韬奋在江头村[N].梅州日报,1995-11-20.

[13] 陈漱渝.中国民权保障同盟[M].北京:北京出版社,1985.

[14] 孙彩霞,周天度.救国会[M].北京:群言出版社,2011.

[15] 中共中央马克思恩格斯列宁斯大林著作编译局.列宁选集[M].北京:人民出版社,1960.

[16] 王明智.马克思经典著作解读[M].北京:中华工商联合出版社,2014.

[17] 陆灏.韬奋教我去延安[J].上海滩,1996(7).

[18] 张仲实.言犹在耳,记忆犹新:对周恩来同志的回忆片断[N].人民日报,1985-01-08.

[19] 刘景华.周总理与邹韬奋的亲密友谊[N].光明日报,1979-07-24.

[20] 江苏省政协文史资料委员会,江苏省常州市政协文史资料委员会.新文化出版家徐伯昕[M].北京:中国文史出版社,1994.

[21] 沈一展.难忘的一夜[J].书林,1979(2).

[22] 上海韬奋纪念馆.生活书店会议记录 1933—1945[M].北京:中华书局,2022.

后　记

　　我对韬奋先生的思想和精神的学习和研究起步于20世纪80年代。1987年9月,《上海师范大学学报》发表了我撰写的第一篇韬奋研究的论文《简论邹韬奋马克思主义世界观的确立》,这是我踏入韬奋研究领域的第一步。1990年11月,我应邀参加了中国韬奋基金会和韬奋纪念馆等联合举办的"韬奋研究首届学术研讨会"。1992年,在学术届前辈王元化、罗竹风的热情推荐下,我申报的有关韬奋研究的课题被特批为"上海市哲学社会科学八五规划"重点课题。从此,我开始全身心地投入韬奋研究的工作中,特别是在韬奋生平史料的挖掘、考证及其思想发展的研究方面作了较多的努力。为了解决韬奋研究中的一些难点,使资料尽量准确、翔实、可靠,我利用节假日走南闯北,先后到北京、哈尔滨、沈阳、大连、重庆、广州、武汉、福州、贵阳、苏州、湖州、南通、余江以及香港等地查阅档案资料,拜访有关人士(包括韬奋的亲属、老同事,甚至听过他演讲的人),考证核实了韬奋的出生地、韬奋在上海居住过的地方、生活书店和《生活》周刊、《大众生活》、《生活日报》的旧址、韬奋在抗日根据地的活动日程以及韬奋 15 个兄弟姐妹的简历等细节,解决了一些久悬未决的难题。1995 年 8 月,《解放日报》理论版以整版的篇幅发表了我的第二篇论文《抗日先锋,民主斗士——试论韬奋的抗日救国思想》,更是增加了我对韬奋研究的信心。此后,在收集、梳理、分析大量第一手资料的基础上,我又先后在《光明日报》《学术月刊》等报刊发表了 30 余篇有关韬奋研究的文章,撰写了《邹韬奋:大众文化先驱》(上海教育出版社 1999 年出版)、《韬奋传》(江西人民出版社 2001 年出版)、《韬奋评传》(上海交通大学出版社 2009 年出版)3 本专著。

2014 年,我有幸应人民出版社的邀请,撰写《中国出版家邹韬奋》。这是由柳斌杰主编的"中国出版家丛书"中的一本。该丛书是第一次规模化地为出版人这个群体中的杰出者——50余位活跃于 20 世纪并已过世的出版前辈系列立传。本丛书的出版,固然是想通过对前辈出版事迹的阐幽发微、立传入史,能让同样为人作嫁衣者的当今出版人不至于觉得气类太孤,内心获得温暖,并昭示后来者在人生目标上,在家国情怀上,在出版境界上,追步于前贤,自觉立起一面促人警醒自鉴的镜子;同时更希望通过一个个传主微历史的场景呈现,让更多的人认识到出版在产业之外,更是一项薪火相传的社会文化事业,它对时代文化的接引与外度,使其成为一种任何人都不可忽视的"势力",在百余年来的社会发展进程中,发挥了不可替代的作用。按照该丛书的编撰思路,我在原来研究的基础上,又对韬奋的思想和业绩,特别是从出版家的视角作了进一步的挖掘和思考,以韬奋的编辑出版生涯为主线,全面阐述了他从主编《生活》周刊,创办

后 记

生活书店,到创办《大众生活》《生活日报》《抗战》,主编《全民抗战》的战斗历程。同时,还论述了韬奋的青年教育观、中西文化观、正确的人生观和价值观,以及他由民主主义向共产主义的转变,马克思主义世界观的确立。此外,还以"著作等身的新闻出版家"为题,介绍了韬奋一生所写下的大量的著作和译作。他对中国的政治、经济、社会、生活发表了精辟的见解和议论,对世界的状况作了翔实的考察。这些著译不仅对韬奋思想的研究具有重要价值,而且为近现代中国历史和文化的研究提供了丰富的史料。

2017年4月21日,作为丛书首本推出的《中国出版家邹韬奋》首发式暨出版座谈会在上海衡山宾馆举行。全国人大教科文卫委员会主任委员、国家新闻出版总署原署长柳斌杰出席首发式并致辞。他在讲话中指出,今天不是一个普通的图书首发式,而是纪念在黑暗中追求光明、在民族危亡中追求救国真理的人民出版家邹韬奋。我们是借助这样的形式,向我国优秀的出版前辈、革命出版家,表达我们崇高的敬意。一个国家的文化振兴,出版的角色不可或缺,且在其中承担着创造、记录和传承的重要职责,任何国家的出版都是文化建设的基础。中国出版业是我国文化改革发展的排头兵、主力军,也处于前所未有的新形势下,机遇和挑战并存。在这样的关键时期,学习和发扬出版先辈们的伟大精神,总结和吸收前人可贵的实践经验,对我们的出版事业有特别重要的意义。柳斌杰特别强调,以《中国出版家邹韬奋》为代表的"中国出版家丛书"和"中国名记者丛书",包含了两方面的追求:一是为文化人立传,要推出一批杰出的近现代出版人物和名记者,弘扬他们身上的优良传统和高尚的职业精神,为当代新闻出版树立行业榜样,推动当代新闻出版人才队伍建设,培育文化职业创新精神。二是为文化立传,通过对杰出文化人物出版、新闻事迹的编辑出版,更多地发掘新闻出版史料,整理、记录和传承这一时期的民族文化精神的活动和成果,为丰富出版史、新闻史的研究和新闻学、编辑学的研究,进而为一个时期的文化史研究,提供尽可能多的宝贵资料。

在学习和研究韬奋的漫长岁月里,我非常荣幸地受到韬奋夫人沈粹缜(时已94岁高龄)、长子邹家华(时任中共中央政治局委员、国务院副总理)、次之邹竞蒙(时任中共中央委员、国家气象总局局长、世界气象组织主席)的亲切接见和鼓励,他们为我的研究提供了许多重要的线索,邹家华同志还亲自为《韬奋评传》题写了书名。韬奋的女儿邹嘉骊更是给我以巨大的帮助和支持,使我的研究得以顺利进行。韬奋的六弟邹恩泂、九妹邹恩澍、妹夫周家骐、侄子邹德慈和邹滨年等都热情地提供了一些可贵的资料。上海交通大学和上海交通大学医学院、中国韬奋基金会和韬奋纪念馆也在我的研究过程中给了我很大的帮助。韬奋纪念馆为《热爱人民——邹韬奋的为民情怀》无偿提供了珍贵的馆藏图片。著名作家丁言昭作为特约编辑为文稿作了润色。立信会计出版社华春荣社长、资深编辑彭秋龙为《热爱人民——邹韬奋的为民情怀》的出版付出了大量的劳动,在此一并表示衷心的感谢。

陈 挥
2024 年 7 月